市场监管系统干部学习培训系列教材

市 场 秩 序 规 范

国家市场监督管理总局　编著

中国工商出版社
中国标准出版社
北　京

责任编辑：汪云凤　董羿彤
封面设计：慧子

图书在版编目（CIP）数据

市场秩序规范 / 国家市场监督管理总局编著 . — 北京：
中国工商出版社 : 中国标准出版社，2021.7
市场监管系统干部学习培训系列教材
ISBN 978–7–5209–0158–1

Ⅰ . ①市… Ⅱ . ①国… Ⅲ . ①市场管理 – 中国 – 干部培训
– 教材 Ⅳ . ① F723.56

中国版本图书馆 CIP 数据核字（2021）第 098126 号

书　名 / 市场秩序规范
编著者 / 国家市场监督管理总局

出版·发行 / 中国工商出版社　中国标准出版社
经销 / 新华书店
印刷 / 北京柏力行彩印有限公司
开本 / 710 毫米 × 1000 毫米　1/16　印张 / 18.5　字数 / 240 千字
版本 / 2021 年 7 月第 1 版　2021 年 7 月第 1 次印刷

社址 / 北京市丰台区丰台东路 58 号人才大厦 7 层（100071）
电话 /（010）63730074，63783283　电子邮箱 / fx63730074@163.com
出版声明 / 版权所有，侵权必究

书号：ISBN 978–7–5209–0158–1
定价：45.00 元

《市场监管系统干部学习培训系列教材》
编 委 会

《市场秩序规范》编写和审稿人员

主　　编：袁喜禄

副 主 编：陈志江　　刘宏伟　　夏向东　　孙延峰
　　　　　　董祝礼

编写人员（按姓氏笔画排序）：

王统增	王　新	王德翼	刘振伟
李自若	李秀玉	李　博	谷　卿
张　丹	陈　健	周国红	郑燕宁
赵圣丹	赵泉龙	赵峻峰	荆　峥
郭耀宗	唐红波	桑　毅	董广谦

审稿人员：张正明　　孙延峰　　况　旭

总 序

党中央高度重视培养造就忠诚干净担当的高素质专业化干部队伍。习近平总书记多次强调："要注重培养专业能力、专业精神，增强干部队伍适应新时代中国特色社会主义发展要求的能力"，"要增强学习本领，在全党营造善于学习、勇于实践的浓厚氛围。"

市场监管是政府的基本职能之一。2018 年机构改革以来，如何科学有效履行统一监管和综合监管职能，是各级市场监管队伍面临的共同挑战。特别是随着我国经济总量持续增长和市场主体数量持续增加，超大规模的市场、超大规模的市场主体和超大规模的消费群体已然形成，国内国际市场紧密关联，线上线下深度融合，产业升级、业态创新和消费升级持续加快，产品质量、安全保障、竞争秩序等方面的新问题、新挑战层出不穷，消费维权的意识和诉求显著提升。这些都使得加快建立与超大规模市场、成熟市场经济相适应的现代化市场监管体系，成为一项十分紧迫而重要的任务。

人是事业发展最关键的因素，是构建现代化市场监管体系的重要基础。面对党中央、国务院对市场监管工作的新部署和新要求，面对人民群众对美好生活的更高要求，面对广大市场主体对市场化、法治化和国际化营商环境的迫切需求，面对数量和难度不断增长的监管任务与有限监管资源之间的突出矛盾，全系统必须把提高干部队伍素质作为重要任务抓紧抓实，通过开展科学务实高效的学习培训，加快推进市场监管能力建设，进一步提升广大干部职工的政治素养、理论水平和专业能力，更好地适应新时代市场监管工作需要。

为深入开展市场监管系统干部培训工作，市场监管总局组织编写了《市场监管系统干部学习培训系列教材》，并在建党百年华诞之际和"十四五"规划开局起步之时付梓成册。该系列教材坚持以习近平新时代中国特色社会主义思想为指导，立足深刻领会党和国家机构改革设立市场监管总局的战略意图，贯彻落实党中央、国务院决策部署，深入浅出阐释和解读市场监管各项业务，内容上突出政治引领、依法规范、务实管用，结构上注重科学系统、条理清晰、业务融合，积极关注市场监管面临的新形势、新挑战、新问题，体现工作中的新探索、新成果和新经验，具有较强的针对性、指导性和实用性。各级市场监管部门要学好用好这部系列教材，使之成为市场监管干部掌握专业知识、履行监管职责的重要工具书。

提高干部队伍素质是一项系统性工程，需要久久为功、持续推进。各级市场监管部门要始终坚持正确政治方向，深入学习领会党中央、国务院关于市场监管工作的决策部署，紧紧围绕立足新发展阶段、贯彻新发展理念、构建新发展格局，研究和把握市场监管规律，善于从政治高度、宏观维度和全球角度观察、分析和解决市场监管问题；要持之以恒推动干部队伍能力建设，大兴勤学善学之风、求真务实之风、担当作为之风，不断加强日常学习、全面学习和持续学习，注重理论与实践相结合，着力提高学习培训的实际效果；要善于把基层实践中的好经验、好做法转化成生动教材，把研究解决市场监管新情况、新问题作为重要课题，着力提高优化营商环境、规范市场秩序、激发市场活力、保障质量安全的本领；要紧扣履职需要，有针对性地开展岗位必备知识和能力培训，激励和引导干部职工成为胜任本职工作的行家里手，不断提高履职尽责能力，持续推进市场监管事业高质量发展、为全面建设社会主义现代化国家、实现中华民族伟大复兴的中国梦作出积极贡献！

《市场监管系统干部学习培训系列教材》编委会

2021 年 7 月 3 日

前 言

市场秩序是市场经济的核心与灵魂，没有完善的市场秩序，人们追求资源优化配置的目标就难以实现。党的十八大以来，习近平总书记对市场秩序监管作出了一系列重要论述和重要指示，为进一步深化改革，加快形成统一开放、竞争有序的现代市场体系，着力清除市场壁垒，提高资源配置效率指明了方向。

近年来，市场监管总局认真贯彻党中央、国务院决策部署，突出维护市场秩序这一基本职责，加大价格、竞争、网络交易、广告等领域的监管执法力度，有力整治市场秩序突出问题，切实维护公共利益和民生权益，保障市场经济健康发展。在各级市场监管部门的共同努力下，市场秩序持续好转，市场自律和监管约束不断增强，监管能力逐步提升，消费环境持续优化。特别是经过多年来监管经验的积累和监管能力的提升，各级市场监管部门维护市场秩序的能力，经受住了新冠肺炎疫情等重大事件的挑战。

为全面反映市场监管部门维护市场秩序的理念和做法，从2020年下半年开始，市场监管总局凝聚全系统智慧，组织编写了《市场秩序规范》。本书作为市场监管系统干部学习培训系列教材之一，论述了价格收费监管、反不正当竞争、直销监管与禁止传销、网络交易监管、商品交易市场监管、合同行政监管、消费者权益保护、广告监管等条线的基本职能和工作情况，具有较强的理论性和实用性，是全国市场监管系统广大干部学习业务知识、提高理论水平的基本读物，是市场监管总局大规模培训干部的基础教材，是向社会宣传市场监管职能、让社会了解市场监管部门维护市场秩序工作的重要工具。

在本书的编写过程中，市场监管总局相关职能司局和直属单位精心组织、认真编写，投入了很大精力；系统干部积极响应、热情参与，给予了大力支持；专家学者认真审读、反复论证，提出了宝贵意见。在此，对所有付出辛勤劳动、作出积极贡献的同志们表示诚挚的谢意。

目　录

第一章

市场和市场秩序

党的十八大以来，习近平总书记对市场监管作出了一系列重要论述和重要指示批示，蕴含丰富的思想内容，具有鲜明的时代特征，为下一步深化改革，加快形成统一开放、竞争有序的现代市场体系，清除市场壁垒，提高资源配置效率指明了方向。"十三五"期间，党中央从战略高度出发，对市场监管体制作出重大改革决策部署，历史性地建立起统一的市场监管体制，实现了从分段、分领域向统一、综合监管的转变，市场监管事业翻开了新篇章。新时代的市场秩序监管，聚焦整治消费欺诈、虚假广告和线上经济乱象，以及知识产权、价格监管、不正当竞争等问题，扎实做好机构改革"后半篇文章"，致力于维护市场秩序，促进市场健康发展，筑牢市场监管为民服务的基石，全力助推经济社会高质量发展。

第一节　市场和市场秩序的概述

一、市场的概述

市场监管系统始终坚持以习近平新时代中国特色社会主义思想为指导，坚决贯彻习近平总书记重要指示批示和中央重大决策部署，始终践行市场监管为人民的宗旨，把做到"两个维护"落实到具体的执法行动中，尊重市场发展规律，开拓进取，担当作为，不断提升监管的实效性、针对性和科学性。

（一）市场的内涵

市场是商品交换的场所和商品交换关系的总和。"场所"是市场的载体，"交换行为"是市场的内容，"交换关系"是市场的作用对象和效果反映。市场是经济关系、社会关系、法律关系以及政治关系的集中体现。理解市场的概念，应把握如下含义：

一是市场是商品交换的场所。商品交换要有一定的场所，例如，集贸市场、期货市场以及电商平台等。这个"场所"可以是有形市场，也可以是无形市场，无论是有形市场还是无形市场，维护良好市场秩序、促进行业健康发展都是市场监督管理的重要职责。

二是市场是商品交换关系的集中体现。商品交换关系是市场的核心，反映的是等价有偿的市场行为或活动关系，但市场行为或活动不是简单、孤立和一次性行为，而是市场行为或活动背后的各种经济关系、政治关系等的体现。面对纷繁复杂的市场形态，只要抓住这个核心，就能看到市场本质，市场监管工作便可以有的放矢。

三是市场是一个体系，也是一种机制。市场是由各种具体形式组成的市场体系，如消费品市场、生产资料市场、劳动力市场、金融市场等，这些为实现特定资源交易的市场彼此联系、相互影响，最终实现整体市场体系调配资源的功能和作用。市场要素和市场体系之间的运动关系及其产生的作用即为"市场机制"，包括供求机制、竞争机制、价格机制和风险机制等。

（二）市场的分类

1. 按商品类别划分

根据交易商品的类别不同，市场可分为商品市场和生产要素市场。商品市场包括消费品市场和生产资料市场；生产要素市场包括金融市场、劳动力市场、技术市场、房地产市场和信息市场等。

2. 按经济活动性质划分

根据经济活动的同质性，即把性质相同的经济活动划分为同一市场，可以分为农业市场、文化市场、食品加工市场、医疗器械市场等。

3. 按交易方式划分

根据交易方式的不同，市场可以划分为现货市场、期货市场；租赁市场、典当市场、会展市场；拍卖市场、经纪人市场、招投标市场；店铺销售市场、直销市场、电子商务市场等。

4. 按竞争状况划分

根据竞争状况的不同，市场可以划分为充分竞争市场、有效竞争市场、垄断竞争市场、垄断市场、寡头市场等。

二、市场秩序的概述

市场秩序是市场经济的核心与灵魂，没有完善的市场秩序，人们追求资源优化配置的目标就难以实现。虽然竞争政策基础地位已经确立，但公平竞争的市场秩序尚未充分形成，市场秩序规范的监管基础还比较薄弱。进入新时代，人民群众对美好生活的需求越来越广泛、越来越丰富，呈现出多样化、多层次的特点。民之所盼，政之所向，新时代市场监管需多谋民生之利、多解民生之忧，在发展中补齐民生短板、促进市场公平正义。

（一）市场秩序的内涵

1. 广义的市场秩序

广义的市场秩序是指市场生产经营主体合法交易行为与违法交易行为及其客观后果的总和。包含以下几层含义，一是生产经营主体的行为是市场秩序的核心内容，如果没有经营主体的行为，市场秩序便无从谈起。二是市场秩序的好与坏，主要以法律和有关政策规定为准绳。三是客观的后果性，这种后果有的是微观的、具体的，有的是抽象的、宏观的，但都是客观存在的。

2. 狭义的市场秩序

狭义的市场秩序是市场监管部门的管理行为、市场经营主体的交易行为、市场消费主体的购买行为及市场交换客体的数量与质量共同作用于市场及其客观后果的总和。其内涵包括五个要素，一是市场管理主体；二是市场经营主体；三是市场消费主体；四是市场交换客体，如商品等；五是各种管理行为作用的结果及交换客体对市场的影响。因此，影响市场秩序的因素包括市场管理规则建设、各类市场主体的法律意识、精神文明建设程度及其他相关因素。

（二）市场秩序与市场规则

市场秩序与市场规则虽然有紧密联系，但它们并不相同。市场规则是市场秩序的内容要求，而市场秩序则是市场规则的作用形态；市场规则是市场秩序形成的基础和条件，而市场秩序则是市场规则的表现结果。二者关系密切，但不可等同。

"秩序"一词在汉语中主要包含两个意思：一是表示次序；二是指人或事实所处的位置与表现出来的某种状况。从经济学的意义上看，秩序应该是指经济按照自身内在的规律，并遵循一定的规则，在其运行过程中所表现出来的一种状态，这也就是所谓"经济秩序"——曾获诺贝尔经济学奖的布坎南教授即持此种观点。但是现实情况是，由于普法工作是个循序渐进的过程，市场上充斥着有法不依，知法犯法的现象，所以从制定完善的市场规则，到形成良好的市场秩序，还须经过一个复杂的社会实践过程，还要人们进行艰苦而又复杂的实践探索。而且，构建稳定良好市场秩序的主要困难，可能并不仅在于市场规则的制定，还依赖市场规则的实施。充分认识这一点，对于我们探索建立社会主义市场秩序监管模式具有特别重要的意义。

综上所述，我们可以归纳"市场秩序"的内涵是，市场在其运行过程中，受多种因素影响而形成和表现出来的一种状态，它是市场活动的规律和市场法则的外在表现形态。

（三）市场秩序的特点

市场秩序的特征充分揭示了它作为一种市场运行状态所具有的鲜明的内在规定性。

1. 客观性。市场秩序是客观存在的，是不以人的意志为转移的。

2. 中和性。市场秩序是指市场运行的某种状态，它本身并不特指有序状况，而是包括了有序和无序、良性和恶性、正常和非正常等多种运行状态。

3. 多样性。从市场秩序的形成条件来看，可以分为自然性市场秩序和社会性市场秩序两类。前者主要是指市场经济活动由其内在规律的作用（如价值规律等）而自发形成的某种市场状态；后者则主要是指由社会外在力量的约束、控制，如受国家法律、法规、政策、计划等硬性约束和受社会经济活动惯例及市场伦理道德的软性约束等，而逐步形成的某种市场状态。

4. 层次性。市场在其发展的过程中，形成了各种不同层次的市场，如微观市场、中观市场和宏观市场，或为具体交易场所、分类市场、商品交换领域等。因此，既有微观市场秩序，又有宏观交易秩序，既有有形市场秩序，也有无形市场秩序等。不同层次的市场秩序表明了不同市场的运行态势。

5. 阶段性。由于市场环境条件的不断变化，市场运行的状态也在发生变化，在特定时期运行正常有序，阶段性特征十分明显。

6. 相对稳定性。市场秩序主要是在外力作用下形成的，这些外在因素构成了市场规范运行的客观条件。一般情况下，只要这些条件不发生较大变化，市场秩序在一定时期内就能保持相对稳定。但市场秩序具有可变性，在新的环境和条件下，旧的市场秩序就会发生变化，形成新的市场秩序。

（四）市场秩序的作用

良好的市场秩序对发展社会主义市场经济，维持经济有序协调运行，具有极其重要的作用。

1. 良好的市场秩序可以矫正市场失灵，充分发挥市场在资源配置中的决定性作用

市场不是万能的，也不是完美无缺的。市场的优势在于配置资源的自动性和高效性，具有一定程度的自我调节、自我优化功能。但是，市场的缺点也十分突出，如市场机制的功利性、市场调节的滞后性和市场机制的盲目性。此外，市场机制调节的领域及其活动存在信息不对称、不完全的问题，买卖双方无法实现平衡约束，从而出现行为失范。这些情况导致的市场失灵，会造成经济运行扭曲和失序，而市场本身却无法解决和克服，只能借助市场之外的力量加以矫正和修正，这种力量主要源于政府。其中，市场监管部门的行政监管执法是矫正市场失灵、弥补市场机制不足的重要力量。

2. 良好的市场秩序有利于创造公正平等的法律环境

市场经济要求平等竞争、等价交换。不管是大企业还是小企业，也不管是国有企业还是个体工商户，它们都是平等的竞争法律关系主体。只有建立起市场主体法律制度，创造共同平等的法律环境，市场主体之间的交换关系和经济利益关系才能得到合理、稳定的规范。

3. 良好的市场秩序有利于抑制和减少市场经济运行中的不利因素

市场经济运行常常受到许多因素的制约和影响。商品供求、投资规模和方向、合同的履行、价格的波动、经济利益关系、消费者权益实现等，都是影响市场经济运行的重要因素。如果失去对价格的控制，通货膨胀就不可避免，人们生活就将受到较大波动影响。当秩序成为市场经济运行效果状况参照标准的时候，政府实际上也就可以依照并监督这些标准的执行而保持对经济运行的有效控制。

4. 良好的市场秩序有利于加强和改进经济管理

良好的市场经济反映了宏观经济管理和微观经济管理的有机结合。宏观经济管理和微观经济管理的结合点在于对市场的管理，市场秩序的好与坏，反映着这种结合的优与劣。换句话说，微观有没有搞活，有没有市场经济行为的紊乱以及宏观的失控，都可以从市场经济秩序上得到反映。改革开放过程中出现的某些宏观失控和微观无序，都充分说明了这一点。

5. 良好的市场秩序有利于维护社会经济稳定

一般说来，经济秩序和社会秩序是紧密相连的，经济的安定和发展是社会稳定的重要基础。因此，社会环境的稳定，首先要有经济的安定和发展，如对经济自由的维护，对合法经济权益的保障，对腐败的禁止和打击，对物价的基本稳定以及充分就业都是重要的维稳方式。

（五）市场秩序的维护

市场秩序不能自动形成，市场秩序的规范，主要靠外在力量，尤其是政府力量来建立和维护。一是符合新时代市场监管目标多元化的要求，不仅要维护市场秩序，还要保护好消费者权益，维护好市场公平竞争，要打造吸引内外资的优质营商环境，站在更高的高度去看待"优质服务"和"创新服务"。二是正确处理政府与市场的关系，强化政府监管、行业自律与社会监督并行的多元主体监管模式，只有这样，才能既减缓政府监管的压力，又保护行业的健康发展。三是强化市场秩序的监督特别是消费者的监督。消费者处于消费末端，能够在第一时间感受到产品和服务的问题。目前，市场监管部门已经实现"五线合一"，按照《市场监督管理投诉举报处理暂行办法》设立投诉窗口和全国 12315 平台，关键就是要抓好回应机制，让消费者有获得感、幸福感和安全感。四是创新市场秩序监管方式。随着网络经济等新业态的发展，改变传统的监管模式和手段，强化信用监管等方式，成为一个重要工作方向，如通过"依法管网、信用管网、以网管网、协同管网"，将网络市场监管纳入法制化轨道。

第二节　市场秩序的规范

从党的十七届二中全会到党的十八届三中全会、四中全会，再到党的十九大，党中央对完善市场监管和执法体制做了一系列理论准备和顶层设计。特别是党的十九届三中全会把完善市场监管和执法体制作为党和国家机构改革的重要内容。改革后，精简了执法队伍，减少了执法层级，进一步完善了执法程序，严格了执法责任，加强了执法监督，较好地解决了重监管轻服务、运动式监管、重复监管等问题。市场监管工作需要立足工作实际，大胆创新，在工作中争主动，求突破，以改革创新精神不断拓宽工作思路、工作领域，勇于打破不合时宜的陈习旧规。市场秩序的维护和监管须树立法规意识和责任意识，须从转变市场监管执法观念入手，加快对创新监管执法模式的研究，不断为提高市场监管的科学化水平提供思想和理论基础，做到严格规范公正文明执法。

一、市场秩序规范的概述

（一）市场秩序规范的内涵

市场秩序规范是指法定的国家机关对市场准入与退出以及市场经营主体在其存续期间的运营进行的监督和管理。这一定义指明了市场监管主体是"法定的国家机关"，即依法赋予市场监督管理职权的主体。

（二）市场秩序规范的主导思想

1.强化法治思维，始终坚持把依法行政作为严格履职的重要准则和严格监管的重要保障

法治思维就是将法律作为判断是非和处理事务的准绳，它要求牢固树立依法监管理念，按照"谁主管谁负责、谁审批谁负责"的原则，厘清职能边界、明确权责范围，严格依据法定程序、权限、职责办事，切实做到法定职责必须为、法无授权不可为。简言之，就是将法治的诸多要求运用于认识、分析、处理价格违法、不正当竞争、广告违法、网络违法、消费者权益保护、直销监管和打击传销等问题，这是一种以法律规范为基准的逻辑化的理性思考方式。人类政治文明发展至今，对于法治概念的认知尽管不完全一致，但对其核心内涵包括的精神、实体、形式等层面诸要件已基本形成共识。在中国特色社会主义市场经济条件下，人们的思想观念多元、多样和多变，各种利益分歧、矛盾冲突相互交织，只有法治才能有效整合各种张力、化解各种冲突，为社会和谐稳定奠定根基。法治思维和依法治国能力强弱，直接影响着党的执政根基和国家的长治久安。因此习近平总书记要

求："各级领导干部要提高运用法治思维和法治方式深化改革、推动发展、化解矛盾、维护稳定能力，努力推动形成办事依法、遇事找法、解决问题用法、化解矛盾靠法的良好法治环境，在法治轨道上推动各项工作。"

2.强化法治约束，按照建设法治政府的要求，切实做到严格规范公正文明执法

坚持把依法监管作为市场监管部门固根本、强基础、利长远的重要支撑，推动市场监管工作全面纳入法治轨道，更好地发挥法治在市场监管中的保障性作用，为全面规范市场秩序保驾护航。强化法治保障要求市场秩序监管要以工作融合推动思想、文化融合，着力营造和睦、和气、和顺的文化氛围，营造竞争公平、交易公正、关注民生、包容审慎、文明执法的执法氛围。市场秩序规范是国家意志的体现，代表着法律的尊严，不论遇到多大困难，都需要守住法律这条底线，不选择性执法；在执法过程中不拉偏架，不吹黑哨；不降低标准执法，做到违法必查，量罚适当；尽可能减少运动式执法。对传统业态，要通过制定监管办法、监管规则和行为指南等明规，亮出红线和底线，加强事中事后监管，明确监管责任和监管要求。认真钻研网络技术，掌握网络违法行为的特点，运用大数据、云计算等新技术手段，增强查处网络违法行为的能力和水平。对新技术、新业态、新模式、新产业，要加强研究，不断探索适应其健康发展的监管与规范的方式方法。

二、市场秩序规范的方向

党的十九届五中全会审议通过《中共中央关于制定国民经济和社会发展第十四个五年规划和二〇三五年远景目标的建议》，明确了

"十四五"时期经济社会发展的指导思想、基本原则、主要目标和战略任务，描绘了到2035年基本实现社会主义现代化的远景目标，做出了高质量发展、双循环新发展格局等重大决策部署。这要求市场监管部门需建设高标准的市场监管体系予以支撑，从更高的起点出发，实现"大融合"，营造"大市场"，完善"大监管"。当前我国正处于经济转型和体制完善的关键时期，市场监管部门作为政府和企业沟通交流的桥梁，起着至关重要的作用，需要在"十四五"期间及今后更长时间，坚持以人民为中心的发展思想，着力解决人民群众关心、社会关切的突出问题。

一是突出解决好市场秩序监管要举什么旗、走什么路、以什么样的精神状态、向着什么样的目标前进的问题，确保实现执法监管的目标，提高执法的效果，努力化解社会焦点问题和矛盾，维护消费者合法权益。

二是突出解决好科学高效的市场秩序监管问题，营造宽松便捷的市场准入环境，维护公平竞争的市场秩序，创造安全放心的消费环境，引导企业实现优胜劣汰，激发市场和社会的活力，实现供给与需求的良性循环。

三是突出解决好制约市场秩序规范的体制中的障碍问题，构建市场机制有效、宏观调控有度、微观主体有活力的经济体制，不断增强我国经济创新力和竞争力。

四是突出解决好市场秩序规范的重点、关键问题，坚持以人民为中心的发展思想，以满足人民对美好生活的需要为出发点，进一步转变监管理念，创新监管机制，加强消费维权，提升监管的法治化水平，努力构建公平竞争的市场环境、安全舒适的消费环境。

现阶段市场秩序、市场环境与经济社会发展实际和人民群众的期待还有差距，如假冒伪劣行为、虚假违法广告、价格违法和网络交易违法等问题依然多发；市场信用体系不健全，市场主体信用意识淡薄，失信行为比较多；政府管控仍然较多，百姓投资创业的便捷性依然存有改进空间。未来，市场监管部门还须与时俱进，履职尽责，切实服务党和国家中心工作和战略大局。

三、市场秩序规范的主要内容

（一）着力加强价格监管和竞争执法

落实降费减负政策，持续开展涉企收费治理，突出行政事业性收费、红顶中介、行业协会商会价格收费行为规范、自然垄断行业价格收费政策落实等重点领域收费行为治理，为实体经济发展营造良好的价费环境。围绕保障和改善民生，持续加强水电气、教育、医疗、电商、物业、停车等民生重点领域价格行为监管，严肃查处价格违法违规行为，维护百姓合法权益。聚焦社会热点、重要节点，突出抓好节假日市场价格监管，及时处理价格投诉举报，疏解价费矛盾，规范市场价格行为。围绕优化营商环境，强化反不正当竞争执法。集中优势力量，保持并不断强化联合整治工作的压倒性态势。从保护知识产权、优化营商环境出发，重点解决市场混淆、虚假宣传、侵犯商业秘密等突出问题，查办公布一批典型案件，形成有力震慑和强大声势，切实维护公平竞争市场秩序。强化规范直销与打击传销工作的前瞻性和针对性，建立完善科学的打防机制体制。

（二）着力加强违法广告监管

认真贯彻落实习近平总书记"广告宣传也要讲导向"的重要指示精神，坚持正确的政治方向、舆论导向和价值取向，不断强化广告导向监管。建立健全广告监测体系、制度、标准，全面提升广告监测水平和效能。加大执法办案力度,将药品、医疗器械、保健食品、金融理财、房地产、教育培训等关系人民群众健康安全和财产安全的广告作为重点领域,聚焦互联网、广播、电视、报刊等重点媒介,大力开展虚假违法广告整治,持续保持高压态势。按照"四个最严"要求,做好"三品一械"广告审查工作。按照源头防控、常态监测、标本兼治、综合治理、突出重点、常态长效的要求,坚持依法监管、智慧监管、信用监管、协同监管,形成齐抓共管、综合施策、协同共治新格局,有效遏制违法行为,有力维护市场秩序。

(三)着力加强网络市场监管

把握网络市场发展规律,健全网络市场监管措施,有针对性地解决网络市场发展中出现的突出问题,促进网络市场持续健康发展。推进依法管网,引导、督促网络交易平台落实相关责任,规范网络商品和服务经营者行为,防范网络交易风险,提高网络市场监管的制度化、规范化、法治化水平。推进"以网管网",强化网络交易市场治理能力。加强对网络领域的售假、虚假宣传、虚假促销、刷单炒信、恶意诋毁等违法行为的治理,净化网络市场环境。针对经济发展的新趋势,加强网络市场新模式、新业态监管,制止排除和限制竞争、阻碍创新行为。创新网络市场监管机制,推进跨地域、跨部门和市场监管各业务条线之间的监管协同,加强信息共享,发挥各种监管资源的综合效益。加强社会公众、中介机构、新闻媒体等对网络市场秩序的监督,发挥消费者对网络经营活动的直接监督作用。

(四)着力维护放心消费环境

在消费结构升级和消费模式变化的新趋势下,放心舒心的消费环境是人民对美好生活的需要。要坚持以人民为中心的发展思想，把促进放心舒心消费作为重要依托，把提升供给质量、改善消费环境、维护消费者权益作为重要努力方向，把开展放心消费创建工作作为市场监管部门为民惠民品牌，着力在创建模式、高效维权、共治格局三个方面取得突破，更好地满足人民日益增长的美好生活需要，增强消费对经济发展的基础性作用。

四、提升市场秩序规范水平

（一）始终坚持服务经济发展和人民利益至上的监管执法指导思想

监管的目的、态度和方式方法都要体现为民、便民及促进经济健康发展的服务理念。把履行监管职能作为服务经济发展的主要手段，增强大局意识、服务意识和职责意识；在实际工作中，必须注重方式方法，讲求工作艺术，努力把强化监管与服务发展工作统筹兼顾好，既不能因为强调服务而放弃监管，也不能因为强调监管而放松服务。服务企业是市场监管部门的一项重要义务，服务地方经济又好又快发展是时代赋予市场监管部门的责任，服务人民则是市场监管部门的工作准则。市场监管部门发布消费警示、指导消费者消费维权是服务，指导企业完善管理体系是服务，帮助小企业转型升级发展壮大是服务，提升行政效能、提高办事效率也是服务。必须清醒地认识到，做好服务不是追求服务的泛化，做好监管不是权力利益的部门化。

（二）契合社会文明发展和市场秩序规范多元化目标的需要，不断提升文明执法水平

文明执法是社会主义精神文明的体现，是社会文明的一个缩影，

也是社会文明进步的表现。市场秩序规范涉及社会的方方面面，容易引发矛盾和冲突，这些有市场主体方面的原因，也有执法本身的原因，如个别执法人员作风、举止简单粗暴，执法态度生硬，居高临下、盛气凌人，重处罚轻监管、重经济效益轻社会效益，执法程序不规范、不严密、不完整等。在新的历史时期，要在执法过程中体现以人为本的理念，把法律的精神同人文关怀结合起来，严格不失灵活，公正不乏热情，有理有节，保证执法行为规范化、科学化、人性化，做到严格、公开、公正执法。在执法过程中要注意使用文明得体的语言，讲文明话，讲专业话，尽量使用规范的法律术语表达问题。对于初次违规而诚恳表示悔改的当事人，应把批评教育寓于期盼的语言中，鼓励其有错必改。对于拒不认错的当事人，既要态度严肃地告知其违法行为的危害和拒不纠正将会承担的法律后果，又要刚正不阿地讲清法规条款，以伸张正气。

（三）始终要坚持"过罚相当""教育与处罚相结合"原则，不断提升行政处罚科学性

市场秩序规范是一项系统工程，规范不能一罚了事，不能以罚款多少论英雄，在市场秩序规范过程中，按照"一说服、二教育、三引导、四警告、五处罚"的要求不断加强和改进市场秩序规范工作。综合运用提醒、告诫、约谈、警告等手段，做好事前事中监管。行政处罚是市场秩序规范的重要手段，不能把完成执法量、罚款额作为检验履职尽责的主要标准。从执法实践看，重罚是需要的，但不是解决一切问题的灵丹妙药。所以必须在行政处罚的同时，明确执法的根本宗旨和目标，传导立法的基本精神，把处罚作为手段而不是目的，做好执法宣传疏导和长效制度建设工作，引导市场主体增强法纪观念，自觉守法。既尽力而为，又量力而行，把行政监管执法的工作分档归类，抓重点、抓亮点、抓精品、抓民生，千方百计把领导关心、社会关切、群众关注的问题解决好，维护好各方面的合法权益。

第二章

价格收费监管

第一节　概　述

一、价格收费监管的概念

价格监管是国家和社会对市场中形成和运行的价格施以一定的监督、管理和调控的活动。价格从生活上来讲，涉及吃穿住用行、生老病死婚，与生活的各个领域都联系紧密。从整个国家来讲，价格是反映国民经济运行的温度计，也是引导资源配置的风向标，是一切经济利益关系的调节者。市场经济中的商品交换，其交换关系的最终结果要通过价格来实现，所以价格秩序平稳规范在国民经济发展中非常重要，价格监管的改革和进步事关国民经济的发展、人民生活水平质量的改善。

收费监督检查指对收费管理相对人执行收费相关法律、法规、规章、政策情况进行的监督检查活动。收费监督检查的范围一般包括：行政事业性收费、经营服务性收费等。

行政事业性收费是指国家机关、事业单位、代行政府职能的社会团体及其他组织根据法律法规等有关规定，依照国务院规定程序批准，在实施社会公共管理，以及在向公民、法人和其他组织提供特定公共服务过程中，向特定对象收取的费用。

经营服务性收费在目前国家层面的政策法规中没有明确定义，一般而言是指自然人、法人和其他组织（简称经营者）以提供场所、设施、技术、信息、知识、劳务、传递等方式开展各类自愿有偿服务活动的收费，行政事业性收费之外的非商品价格一般均属于经营服务性收费。

近年来，根据党中央、国务院关于推进减税降费的决策部署，监管部门连续开展了全国范围的涉企收费治理。

关于涉企收费的概念，截至目前，国家层面政策法规没有相关定义，一般而言是指以企业为缴费主体的各类费用，目前主要包括政府机关、事业单位、社会团体、中介机构、商业银行、港口等单位向企业收取的行政事业性收费、经营服务性收费等。

二、历史沿革

（一）1984—2002 年（隶属计划部门阶段）

1982 年 8 月，国务院发布《物价管理暂行条例》。随着价格改革的深入，价格管理权限下放，议价、浮动价格等多种价格实施，价格乱象普遍增多，人民群众反映强烈，迫切要求加强对物价的管理监督，价格监督检查日显重要，我国由此开始建立价格监督检查体系，维持价格秩序。

价格监督检查体系以国家价格监督检查为主体，辅之以企业内部价格监督和群众价格监督的体系。因此，明确了在大中城市和县城设立物价检查所的思路，并明确其隶属于当地物价局，行使物价监督检查权，同时规定物价检查所的人数原则上按城市人口的万分之一配备，经费由中央和地方财政各负担一半。国务院在 1983 年 7 月批准国家物价局《加强物价管理 充实物价人员的报告》，在各地设立物价检查所和农产品成本调查队，全国物价部门共增事业编制 24000 人，其中物价检查 20000 人，农本调查 4000 人。国家物价局于 1984 年 5 月成立物价检查司，后来成为价格监督检查体系的最高领导机构。

针对 1985 年后愈演愈烈的通货膨胀，特别是 1988 年"物价闯关"引发的全国范围内抢购和挤兑风潮，党中央、国务院决定开展为期 3 年的国民经济治理整顿，中央适当集中了一些价格管理权限，采取了一些强化直接管理的措施。围绕国民经济治理整顿，初步建立了价格总水平监测与调控体系，明确要组织好市场供应，严格市场管理，坚决取缔和打击囤积居奇、投机倒把、中间盘剥等行为，要充分发挥城乡群众对物价的监督作用，对扰乱市场的要坚决打击。到1991年，投资膨胀和消费膨胀基本上已经得到抑制，社会总供求基本平衡。但为了使国民经济中的各种比价关系逐步趋向合理，价格结构优化调整，治理整顿的大环境仍要求把稳定物价放在最重要的位置。

顺应价格形势的变化，国家物价局开始内部机构改革。1992年5月国家物价局在1988年"三定"方案的基础上，对部分机构和职能进行了调整。主要是一些司级机构合署办公、保留原建制和领导职数。1993年4月，在国务院机构改革中，决定将国家物价局并入国家计划委员会（以下简称"国家计委"），国家计委必要时使用"国家计委物价局"印章。国家计委要强化的职能中包括"监控全国物价总水平""负责制定和调整国家管理的重要商品价格与重要收费标准，负责全国物价的监督、检查，指导地方和各部门的物价工作"等内容。1994年3月经国务院批准的国家计委"三定"方案中有价格职能的是价格管理司、价格监督检查司和市场与价格调控司（负责市场和价格两方面的工作）。1994年，在《关于商品和服务实行明码标价的规定》的基础上，制定了实施细则。各地价格监督检查立法工作也有较大进展，有的地方相继颁布施行了价格监督检查方面的地方法规，如辽宁省1995年11月25日发布实施《辽宁省价格监督检查条例》等。1996年4月，《国务院关于贯彻实施〈中华人民共和国行政处罚法〉的通知》发出以后，11月5日，国家计委下发了《关于全国物价系统贯彻实施〈中华人民共和国行政处罚法〉的若干意见》，要求各级物价部门依法行使行政处罚权。1997年12月，全国人大常委会审议通过《中华人民共和国价格法》（以下简称《价格法》），并于1998年5月1日实施，明确规定县级以上各级人民政府价格主管部门依法对价格活动进行监督检查，对价格违法行为实施行政处罚，迈出了依法治价的重大步伐。1999年7月，经国务院批准，国家计委发布了《价格违法行为行政处罚规定》，这是价格监管的基本法律依据。近年来，还制定了若干配套的法规、规章和规范性文件。以《价格法》为核心，以《价格违法行为行政处罚规定》（1999年）等法规为主干，以《禁止价格欺诈行为的规定》（2001年）等规章为基本内容的价格行政执法法律体系基本形成并日趋完善，从实体到程序方面，为价格监管提供了坚实法律依据和保障。

（二）2003—2018年（隶属发展改革部门阶段）

2003年原国务院体改办和国家经贸委部分职能并入国家发展计划委员会，改组为国家发展和改革委员会，简称国家发展改革委。

2003—2018年间，随着我国改革开放的不断深化以及经济全球化进程的加快，加之这一时期自然灾害、公共事件频繁发生，导致国内市场价格突发异常波动明显增加。稳价格成为这一时期价格监管的重要内容之一。全国各级价格主管部门围绕推进价格改革的重点任务，抓住人民群众最关心的价格收费问题，充分发挥价格监督检查的职能作用，大力整顿和规范价格秩序，持续推进价格社会监督和法制建设，努力创造良好的价格环境，为保障价格改革等政策措施的落实做出了积极贡献。

党的十八大特别是十八届三中全会以来，中央和国家价格主管部门持续加强价格监督检查与反垄断的顶层设计，先后制定出台了《关于建立完善价格监管机制的意见》（发改价监〔2013〕2099号）、《中共中央国务院关于推进价格机制改革的若干意见》（中发〔2015〕28号）、《国家发展改革委关于全面深化价格机制改革的意见》（发改价格〔2017〕1941号），为新常态下特别是新时代全面加强价格监督检查描绘了新蓝图，为开展价格监督检查工作提供了根本指引和重要遵循。

规范有序的市场价格秩序和公平的竞争秩序是成熟的市场经济体制不可或缺的前提条件和基本要求。经过多年的价格市场化改革，截至 2018 年，我国 97% 以上的价格已放开，由市场形成，市场在资源配置中的决定性作用已初步实现。然而，由于市场机制自身所具有的自发性、盲目性、信息不对称等缺陷，部分经营者在利益驱动下，实施种种价格违法行为，扰乱市场价格秩序，严重损害市场公平和效率。为了进一步规范价格行为，优化经济社会发展的价格环境，建立完善价格监管机制，提高监管效率，2013 年 10 月 22 日，国家发展改革委正式印发了《关于建立完善价格监管机制的意见》（发改价监〔2013〕2099 号），提出要抓紧建立和完善预警防范、应急处置、举报处理、市场监管、反价格垄断、专项治理、社会监督、经营者自律、协作联动九大机制，尽快形成一整套制度完备、运转高效的价格监管机制，推动价格监管工作向系统化、信息化、制度化、长效化转变。这一文件为新常态下加强价格监督检查工作提供了重要指引。

（三）2018 年至今（隶属市场监管部门阶段）

根据《中共中央关于深化党和国家机构改革的决定》《第十三届全国人民代表大会第一次会议关于国务院机构改革方案的决定》，组建国家市场监督管理总局，作为国务院直属机构，成立了价格监督检查和反不正当竞争局（规范直销与打击传销办公室），其中有关价格收费监督管理的职责主要包括：拟订有关价格收费监督检查的政策法规、规章制度、规则指南和措施办法；依法监管价格收费行为，组织实施商品价格、服务价格以及国家机关事业性收费的监督检查工作；组织指导查处价格收费违法违规行为。

三、价格收费监督检查的发展历程

（一）全国物价大检查

1992 年，全国物价大检查以"保护合法，支持改革，纠正失误，惩处违法"为指导思想，重点检查企业定价权落实情况、国家管理价格和收费的执行情况，以及整顿市场价格秩序和治理乱收费。在依法治价的原则下，突出了寓服务于检查之中。1993 年，全国物价大检查以整顿价格秩序，严肃物价法纪，抑制物价水平过快上涨为宗旨，重点检查：国务院减轻农民负担有关政策的落实情况；主管部门和地方政府的价格越权行为；国家定价商品价格及收费的执行情况。1994 年，由于物价形势非常严峻，根据国务院的部署，国家计委前后组织开展了两次全国物价大检查。一是根据 3 月 5 日国务院发出的通知，突出查处借口增值税税负增加而乱涨价的行为及暴利、垄断价格等行为。这次大检查从 3 月初开始到 7 月结束。共抽调 7.2 万名物价检查人员，组成 1.8 万个检查组开展检查。全国共查处案件 18.7 万件，实行经济制裁 3.17 亿元。二是根据国务院 9 月 22 日通知，结合税收财务物价大检查，从 9 月到 12 月底继续开展全国物价大检查。这两次大检查，除查处了大批价格违法案件外，还对国家各项调控措施落实情况进行了监督检查，对控制物价上涨、整顿市场价格秩序、安定人民生活起到了很大的作用。1995 年、1996 年继续加强对人民生活必需品，特别是主、副食品执行价格监审规定的情况进行检查，并对棉花、电力价格及各类收费进行检查。这两年物价大检查在查处价格违法案件方面成绩显著，特别是 1996 年，查处价格违法案件 11 万余件，实行经济制裁 8.35 亿元，为历年来查处力度最大的一年。

（二）专项检查

一是开展教育收费专项检查。在义务教育阶段全面推行了"一费制"收费办法，全面清理整顿了改制学校收费，对公办高中择校生实行"三限"政策，规范高校收费。推行教育收费公示制度，提高收费透明度。严肃查处了中小学以改制为名乱收费、高级中学违反规定收取择校费、高等学校违反规定收取与招生挂钩的费用。

二是开展医药价格检查。严肃查处了政府定价药品、集中招标采购药品、一次性医用卫生材料、医疗服务方面的乱加价、乱收费行为。

三是开展房地产价格专项整治行动。严肃查处了不执行经济适用房价格、价格欺诈以及违反明码标价规定的行为，查处了房地产企业对楼盘明码标价不规范问题，维护了房地产交易的正常秩序。

四是开展电信资费检查。2008 年，价格主管部门开展了全国电信邮政资费检查，对部分电信企业存在的资费套餐"陷阱"等问题进行了深入检查，促进了资费行为的规范。

五是开展银行等金融机构收费检查。查处了违规收取密码挂失费、对企业贷款过程中乱收费等行为，提高了商业银行执行价格政策的自觉性。

六是开展煤电油价格检查。查处了发电企业享受脱硫加价政策但不按要求脱硫的行为，不执行国家差别电价、峰谷电价的行为，纠正了地方越权实施优惠电价、不执行成品油价格政策的行为，全面清理规范了电网企业超标准收取输电费、层层加价、变相压低上网电价等问题，促进了经济平稳协调健康发展。

七是开展环境收费重点检查。查处了污水处理厂、垃圾处理厂收取污水、垃圾处理费，领取政府补贴但不按规定处理污水和垃圾等行为。

（二）价格欺诈表现形式

在禁止价格欺诈市场检查中发现的价格欺诈行为，主要有以下 10 种表现形式：

1. 虚假标价。如某饭店餐饮部在商品标价签上标明象拔蚌价格每斤 78 元，但顾客结账时却按每斤 200 元结算，并且称其标价签标的是小象拔蚌，以虚假标价误导消费者。

2. 两套价格。如某酒店采用两套标价簿欺诈消费者。在顾客点菜时提供价格低的标价簿，在结账时按价格高的标价簿结算。

3. 模糊标价。如某酒店在门口迎宾处以"特价烤鸭每只 38 元"进行价格宣传，实际却按 48 元结算。当消费者质问何为"特价"时，该酒店谎称每天前三位顾客才能享受"特价"。

4. 虚夸标价。如某公司在其经营场所以"全市最低价""所有商品价格低于同行"等文字进行宣传，而实际其家电商品价格多数高于其他商家，误导消费者购买。再如某公司在其店面显著位置标示"消费各类手机全市最低价"，而实际该店所称"全市最低价"不仅无依据，而且也无从比较。

5. 虚假折价。如某商店以"全场 2 折"的文字进行价格宣传，但消费者发现全场上百种商品中，只有 2 种商品按 2 折销售。再如某服装商店用公告牌向顾客推荐某品牌服装全场 8.5 折，但消费者购买该品牌貂领大衣，原价为 1998 元，打 8.5 折销售价应为 1698.3 元，而实际标价为 1798 元。

6. 模糊赠售。如某餐饮公司在经营场所打出"肥牛午市买一送一，晚市买二送一"的条幅，但未标明赠送商品的品名和数量。在顾客消费了一斤肥牛后，仅赠送价值较低的一碟羊肉。再如某粮店标示买五升某品牌食用调和油赠一，未标明赠品的品名和数量，实际给消费者的仅是一小袋花生米。

7.隐蔽价格附加条件。如某百货公司采取"购物返 A、B 券"的手段促销，其中 A 券可当现金使用，而没有事先告知消费者 B 券只能附等值人民币现钞才能使用，误导消费者在店内循环消费。

8.虚构原价。如某百货商场降价销售某品牌服装，虚构原价 3500元，现价 190 元，不能提供此次降价前一次在本交易场所成交的原价交易票据。

9.不履行价格承诺。如某超市向消费者承诺，凡购买某品牌清洁抹布实行"买三送一"，而实际上消费者购买后并未获得赠送。

10.质量与价格、数量与价格不符。如某商店销售价格 3 元的袋装白糖，标示每袋重量 1000 克，而实际每袋重量仅有 750 克，数量与价格不符。

（三）促销"原价"

以前"原价"的定义仅指经营者在本次降价前一次在本交易场所的交易票据的价格，而没有具体时间规定，这让商家有了玩花招的可能。《禁止价格欺诈行为的规定》限定了"7 日"的时间限制，能有效防止商家暗箱操作，因为在检查时商家必须提供有效的真实的交易数据。经营者收购、销售商品和提供服务前有价格承诺，不履行或者不完全履行的，都属于价格欺诈行为。

（四）标价欺骗消费者没成交仍构成欺诈

馈赠物品或者服务标示价格（或价值）的，应当真实明确；不如实标示的，也属于价格欺诈行为。商家采取返还有价赠券方式销售商品或者提供服务时，有价赠券在使用上有附加条件，且没有在经营场所的显著位置明确标示的，同样属于价格欺诈。

（五）法律责任

根据《价格违法行为行政处罚规定》第七条的规定，对经营者的价格欺诈行为，责令改正，没收违法所得，并处违法所得 5 倍以下的罚款；没有违法所得的，处 5 万元以上 50 万元以下的罚款；情节严重的，责令停业整顿，或者由有关行政管理机关吊销营业执照。

三、哄抬价格

哄抬价格行为是一种故意扰乱市场秩序的行为，尤其是在商品供不应求时，捏造、散布涨价信息，可能会引起商品价格过高上涨，造成市场秩序混乱，引起消费者恐慌，形成经济和社会的不稳定。

（一）行为种类

1.捏造、散布涨价信息，扰乱市场价格秩序的行为

捏造、散布涨价信息是一类较为常见的价格违法行为，又可以分为两种类型。

一是捏造或者散布虚假的涨价信息。捏造散布涨价信息从本质上讲是一种欺骗行为，即通过制造和传播欺骗性信息，推动价格非理性上涨，借此牟取不当利益。二是通过不正当的手段散布涨价信息。在一些情况下，经营者所散布的涨价信息本身是真实的，但散布的方式和手段存在问题。例如，一些企业无视公众对价格上涨的敏感性和政府管理通胀预期的要求，借助媒体提前、公开、高调宣布涨价信息。这种行为一方面加剧了市场恐慌心理，导致了抢购风潮；另一方面也在客观上便利了企业之间的价格协调行为。

2.囤积居奇的行为

指除生产自用外，超出正常的存储数量或者存储周期，大量囤

积市场供应紧张、价格发生异常波动的商品，经告诫仍继续囤积的行为。

一般情况下，储存多少商品，什么时间出售，完全由经营者自主决定，但对于市场供应紧张、价格发生异常波动的商品，如果经营者多进少售、只进不售或者囤积拒售，就会进一步减少市场供给，推高价格，损害消费者利益。恶意囤积应当从四个方面进行理解。

首先，囤积的主体主要是经销商，一些情况下也可能是生产商。经销商的经营行为主要是赚取进销差价，有强烈的动机进行囤积，待价格上涨后再售出牟取高额利润。生产商存储原材料一般是为了保证生产和减少未来的价格风险。部分生产企业大量存储原材料，不是用于生产，而是为了倒卖赚取差价。对于此种情况，也可以囤积论处。

其次，超出正常的存储数量或者存储周期，实施大量囤积。在价格监管中，要积极做好日常数据收集工作，尽可能利用有关部门和行业协会的统计信息，根据具体情况对正常存储数量和周期作出认定。

再次，囤积的对象是市场供应紧张、价格发生异常波动的商品。此种商品的市场供求关系已经较为紧张，任何边际供给量的减少都有可能造成更大幅度的价格上涨，因此是价格监管的重点。

最后，认定恶意囤积有特殊的程序要求。事前告诫是对恶意囤积行为进行定性处罚的法定前置程序。如果经营者听从告诫，在限定时间内按限定的价格和销售对象出售商品，则不再以恶意囤积实施处罚；如果经营者不听从告诫，不出售商品或者未在规定时间内出售完毕，则可以按照本条的规定加以处罚。

3.利用其他手段哄抬价格，推动商品价格过快、过高上涨的行为

（二）量化标准

认定捏造散布涨价信息、大量囤积和以其他方式哄抬价格行为，一个关键的要件是造成商品价格过快、过高上涨，或者可能引发商品价格大幅上涨及市场抢购等。过快是一个时间概念，过高是一个程度概念。二者结合，就是指在较短时间内出现了价格的大幅上涨。《价格违法行为行政处罚实施办法》（国家发展改革委令第 14 号）第二条规定，捏造散布涨价信息、囤积居奇，或者在生产和进货成本没有发生明显变化的情况下，大幅度提高或者推高价格的，构成价格违法行为。何为"大幅"上涨，《价格违法行为行政处罚实施办法》没有明确规定，而是授权省级价格主管部门根据当地具体情况提出，并报请省级人民政府批准确定。

（三）法律责任

按照《价格违法行为行政处罚规定》第六条规定，经营者哄抬价格的，责令改正，没收违法所得，并处违法所得 5 倍以下的罚款；没有违法所得的，处 5 万元以上 50 万元以下的罚款，情节较重的处 50 万元以上 300 万元以下的罚款；情节严重的，责令停业整顿，或者由有关行政管理机关吊销营业执照。

行业协会或者为商品交易提供服务的单位哄抬价格的，可以处 50 万元以下的罚款；情节严重的，由登记管理机关依法撤销登记、吊销执照。

经营者、行业协会、为商品交易提供服务的单位之外的其他单位（包括新闻媒体）散布虚假涨价信息，扰乱市场价格秩序，依法应当由其他主管机关查处的，市场监管部门可以提出依法处罚的建议，有关主管机关应当依法处罚。

四、低价倾销

低价倾销行为是指经营者以排挤竞争对手为目的，以低于成本的价格销售商品。低价倾销违背企业生存原理及价值规律，在市场竞争中往往引发价格大战、中小企业纷纷倒闭等恶性竞争事件，甚至导致全行业萎缩的严重后果。为了防患于未然，《价格法》禁止经营者为打击竞争对手而以低于成本价销售商品。

（一）低价倾销概念

《价格法》第十四条规定，经营者不得为排挤竞争对手或独占市场，以低于成本的价格倾销，扰乱正常的生产经营秩序，损害国家利益或者其他经营者的合法权益。如果因依法降价处理鲜活商品、季节性商品、积压商品等特殊原因而低于成本价格销售商品，则不构成低价倾销行为。

（二）低价倾销行为要点

一是行为的主体是经营者，而且在绝大多数情况下，是大型企业或在特定市场上具有经营优势地位的企业。二是经营者客观上实施了低价倾销行为，即以低于成本价格销售商品。三是经营者低价倾销行为的目的是排挤竞争对手，以便独占市场。因此，并非一时就某一种商品低于成本价格销售，而是较长时间以较大的市场投放量低价倾销。

（三）法律责任

根据《价格法》和《价格违法行为行政处罚规定》，经营者有低价倾销行为的，责令改正，没收违法所得，可以并处违法所得 5 倍以下的罚款；没有违法所得的，处 10 万元以上 100 万元以下的罚款；情节严重的，责令停业整顿，或者吊销营业执照。

五、价格歧视

（一）价格歧视概念

经营者不得提供相同商品或者服务，对具有同等交易条件的其他经营者实行价格歧视。价格歧视，通常指商品或服务的提供者提供相同等级、相同质量的商品或服务时，使同等交易条件的接受者在价格上处于不平等地位。

（二）价格歧视行为要点

经营者没有正当理由，就同一种商品或者服务，对条件相同的若干买主实行不同的交易待遇，例如对具有同等条件的两家企业，对一家可以实行批量作价，对另一家则不允许；或因企业所在地不同而实行差别价格待遇等，从而构成价格歧视行为。价格歧视使条件相同的若干买主处于不公平的地位，妨碍了它们之间的正当竞争，具有限制竞争的危害，一些国家通过反垄断法律对这种行为作出限制。

（三）法律责任

根据《价格法》和《价格违法行为行政处罚规定》，经营者实行价格歧视的，责令改正，没收违法所得并处违法所得5倍以下的罚款；没有违法所得的，处10万元以上100万元以下的罚款；情节严重的，责令停业整顿，或者吊销营业执照。

反不正当竞争

第一节　概　述

一、反不正当竞争法的基本概念和性质

（一）基本概念

《中华人民共和国反不正当竞争法》（以下简称《反不正当竞争法》）于 1993 年 12 月 1 日公布实施（分别于 2017 年修订、2019 年修正），是规范市场经济秩序最早最基础的法律之一。反不正当竞争法是禁止以违反商业道德的手段从事市场竞争行为，维护公平竞争秩序的一类法律制度的统称，其核心内容是市场道德原则的法律化。一般认为，现代意义上的反不正当竞争法是从 19 世纪中叶《法国民法典》中的规定和英国关于"冒充"诉讼（action for passing off）判例所确定的一些原则中发展而来的。德国则在 1896 年制定了世界上第一部专门的反不正当竞争法。1883 年的《保护工业产权巴黎公约》（简称《巴黎公约》）也在 1900 年的布鲁塞尔修订本中增加了不正当竞争的条款，在此后的 100 多年时间里，对各国反不正当竞争法产生了巨大的影响。根据《巴黎公约》第 10 条之二，巴黎联盟的成员国必须提供反不正当竞争法的有效保护，对于所有"违反诚实商业惯例"的行为以及三种不正当竞争行为，即"仿冒行为""商业诋毁""虚假宣传"，提供有效的反不正当竞争保护。有些国家在实施《巴黎公约》规定的同时，制定了反不正当竞争的特别法，如奥地利、比利时、丹麦、芬兰、德国、日本、卢森堡、西班牙、瑞典和瑞士等；有些国家的反不正当竞争法则是基于侵权行为或者仿冒行为和商业秘密的法律保护；而大部分《巴黎公约》成员国采取综合的方法管制不正当竞争，即在制定反不正当竞争法的基础上，综合运用特别法、民法、侵权法等法律制止

不正当竞争行为。

我国目前的反不正当竞争法体系以《反不正当竞争法》为核心，包括相关法律、行政法规、部门行政规章、地方性法规和司法解释等多种法律渊源。在其他有关法律，如《中华人民共和国商标法》（以下简称《商标法》）、《中华人民共和国广告法》（以下简称《广告法》）、《中华人民共和国产品质量法》（以下简称《产品质量法》）、《中华人民共和国消费者权益保护法》（以下简称《消费者权益保护法》）、《中华人民共和国招标投标法》等中，有一些反不正当竞争的法律规范。《反不正当竞争法》1993 年实施以来，原国家工商行政管理局陆续制定了配套的行政规章，包括《关于禁止有奖销售活动中的不正当竞争行为的若干规定》（1993 年 12 月）、《关于禁止公用企业限制竞争行为的若干规定》（1993 年 12 月）、《关于禁止仿冒知名商品特有的名称、包装、装潢的不正当竞争行为的若干规定》（1995 年 7 月）、《关于禁止侵犯商业秘密行为的若干规定》（1995 年 11 月）、《关于禁止商业贿赂行为的暂行规定》（1996 年 11 月）和《关于禁止串通招标投标行为的暂行规定》（1998 年 1 月）等。这些行政规章对《反不正当竞争法》作了细化、补充和延展。另外，许多省、自治区、直辖市、经济特区、省辖市以及享有立法权的较大的市先后颁布了地方性的反不正当竞争法规或者规章。最高人民法院于 2007 年 1 月 12 日发布了《关于审理不正当竞争民事案件应用法律若干问题的解释》，自 2007 年 2 月 1 日起施行。

（二）属性

现代反不正当竞争法兼具公法和私法的性质，属于经济法的范畴。从某种意义上说，不正当竞争确实是一种侵权行为，即损害他人合法权益的行为。但是，不正当竞争与一般的民事侵权行为最大的不同点在于，它除了损害作为一般民（商）事主体的经营者和消费者的利益以外，还直接破坏了市场经济的最基本机制——竞争机制。

竞争本来是一种奖惩兼施（通过优胜劣汰）的市场机制，不正当竞争却破坏了这种竞争性制裁和奖励的市场机制。通过不正当竞争，如仿冒他人商业标识，一方面使仿冒者（其产品往往质次价高）不能受到竞争的惩罚——经营不景气、亏损甚至破产倒闭，反而可以获利；另一方面，遭受仿冒侵权的经营者却受到声誉上和经济上的损失，甚至被挤出市场。这样就造成了优者不胜、劣者不汰甚至惩罚优胜者的局面，正常的竞争机制无法发挥作用。由于通过仿冒等不正当竞争同样可以获利，有时这种利润还相当高，因此经营者提高产品质量和管理水平的动力与压力也就没有了。总之，不正当竞争会使正常的市场竞争机制发生扭曲，破坏公平竞争的市场秩序。这就决定了不正当竞争不仅是一种单纯的民事侵权行为，而且还是一种严重损害市场竞争机制及其所代表的公共利益的行为。

基于此，许多国家除了将不正当竞争作为民事侵权行为进行民事制裁外，还将一些不正当竞争行为作为行政违法甚至刑事违法行为，追究相应的行政责任和刑事责任。我国主要基于对公平竞争秩序及其所代表的公共利益的维护而反对不正当竞争，当然，在制止不正当竞争的同时也就保护了其他经营者（竞争者）和消费者的合法权益。

二、不正当竞争行为的界定

不正当竞争行为是一个内容广泛、性质不易确定的概念，因而众说纷纭，莫衷一是，以致被一些学者比喻为外形千变万化的"海神"或"模糊而变幻不定的云彩"。这种情况恐怕与下列因素有关：首先，随着市场经济的发展，经营者在市场竞争中所采取的手段不断变化，判断其正当与否越来越困难；其次，不正当竞争行为与垄断行为或者限制竞争行为、损害消费者利益的行为以及侵害知识产权的行为往往交织在一起，有时界定清楚非常困难；最后，不同国家的法律传统、立法模式、理论发展等因素也对界定不正当竞争行为产生一定的影响。

无论是从学界使用概念的情况还是从各国立法的情况来看，不正当竞争的概念都存在广义和狭义之分。广义上的不正当竞争包括垄断、限制竞争等行为在内，而狭义上的不正当竞争则是与垄断行为并列的。随着我国《反不正当竞争法》在1993年和《中华人民共和国反垄断法》在2007年相继出台，我国已经现实地走上了反不正当竞争与反垄断分别立法的道路，在狭义上理解和运用不正当竞争的概念已逐渐成为现实情况。

《反不正当竞争法》规定，"本法所称的不正当竞争行为，是指经营者在生产经营活动中，违反本法规定，扰乱市场竞争秩序，损害其他经营者或者消费者的合法权益的行为"，是一个相对比较完整和完善的不正当竞争的定义。

我国现行《反不正当竞争法》规定的不正当竞争行为有七种，可以概括为：仿冒混淆行为、商业贿赂行为、虚假或引人误解的商业宣传行为、侵犯商业秘密行为、不正当有奖销售行为、商业诋毁行为、互联网不正当竞争行为。后文将对这七种不正当竞争行为分别展开论述。

三、《反不正当竞争法》的行政执法

"徒法不能以自行。"公平的市场竞争秩序的确立与维护，仅有反不正当竞争法实体规范本身是不够的，还需要有相应的执法机构保证这些规范的有效执行。虽然不是所有制定了反不正当竞争法的国家和地区都设置专门的行政执法机构负责执行，即有些国家和地区只采取由法院负责执行的一元实施机制，但是也有一些国家和地区采取由法院和行政执法机构共同负责的二元实施机制。

我国《反不正当竞争法》自最初制定以来就是采取这种二元实施机制的。因此，建立完善的执法体制对于我国《反不正当竞争法》的有效实施是至关重要的。这主要涉及反不正当竞争执法机构的设置及其内部的组成，以及与外部其他机构之间的关系等方面。没有合理、完善、公正的程序作为保障，《反不正当竞争法》将是一纸空文。在《反不正当竞争法》的实施中，执行机构不仅承担着对不正当竞争行为进行监督、检查、处罚等职责，更承载着将竞争理念转化为现实秩序的期望。

（一）市场监管部门是不正当竞争行为的法定"查处"部门

全国各级市场监管部门是《反不正当竞争法》的执行部门。《反不正当竞争法》第四条规定：县级以上人民政府履行工商行政管理职责的部门对不正当竞争行为进行查处。《反不正当竞争法》第三章还专门规定了监督检查部门对涉嫌不正当竞争行为的调查。并规定其他部门法对不正当竞争行为没有规定，或者只有一般性规定没有罚则，其他部门对违法行为不能查处的，市场监管部门依法予以查处，充分发挥《反不正当竞争法》基础法律的作用。

（二）建立国务院反不正当竞争工作协调机制

修订后的《反不正当竞争法》以法律的形式确立了国务院要建立反不正当竞争工作的协调机制，研究决定反不正当竞争的重大政策，协调处理维护竞争秩序的重大问题。

反不正当竞争的协调和执法对于建立公平竞争、统一开放的市场秩序具有特殊重要的意义。市场经济本质上是一种竞争经济，竞争是市场活力的源泉，只有存在健康的、充分的竞争，才能形成完善的市场体系，实现优胜劣汰和资源的优化配置，使消费者获得高质量的商品和服务。由于种种利益驱动，市场经济中的不正当竞争在所难免，广泛存在于各个地域、各个行业中。在修订过程中，立法部门充分考虑了不正当竞争行为的多变性、复杂性和涉及领域的广泛性，认识到以往存在分解执法主管部门，无视《反不正当竞争法》体系协调性的做法，有损《反不正当竞争法》的执法力度，不能使统一的市场行为按统一的规则进行裁判。立法部门以问题为导向，加强反不正当竞争工作的协调，强化行政执法的权威，统一执法的幅度和步调，以法律的形式确立了国务院建立反不正当竞争工作的协调机制，必将有利于充分维护《反不正当竞争法》的统一性和权威性。

2020 年 11 月 12 日，国务院同意建立由市场监管总局牵头，17 个部门组成的反不正当竞争部际联席会议制度。2021 年 4 月 30 日，部际联席会议第一次全体会议召开，审议通过了反不正当竞争部际联席会议 2021 年工作要点，进一步加强反不正当竞争部门协作，形成监管合力。

市场监管部门要发挥好协调机制的作用，加强与其他部门的协调配合，处理好涉及多部门多领域的不正当竞争监管问题。要强化反不正当竞争执法的普遍性、系统性、协调性，形成优势互补、分工协作、沟通顺畅、齐抓共管的反不正当竞争监管新格局。

（三）反不正当竞争执法成效

《反不正当竞争法》颁布施行 20 多年来，全国各级工商、市场监管部门依据《反不正当竞争法》，查办了涉及仿冒混淆、侵犯商业秘密、商业贿赂、限制竞争、虚假宣传等不正当竞争行为的案件 74 万余件，案值 532 亿元，罚没金额 118 亿元。2018 年 1 月 1 日第一次修订的《反不正当竞争法》施行以来，市场监管总局组织全系统连续三年开展重点领域反不正当竞争执法专项行动，以互联网、"保健"、医药等行业和领域为重点，严厉查处仿冒混淆、虚假宣传、商业诋毁、侵犯商业秘密、利用技术手段实施不正当竞争等违法行为，在打击不正当竞争行为、维护公平竞争市场环境、促进社会主义市场经济健康快速发展方面发挥了重要作用。

第二节　仿冒混淆行为

一、仿冒混淆行为概述

《反不正当竞争法》第六条规定，经营者不得实施下列混淆行为，引人误认为是他人商品或者与他人存在特定联系：（一）擅自使用与他人有一定影响的商品名称、包装、装潢等相同或者近似的标识；（二）擅自使用他人有一定影响的企业名称（包括简称、字号等）、社会组织名称（包括简称等）、姓名（包括笔名、艺名、译名等）；（三）擅自使用他人有一定影响的域名主体部分、网站名称、网页等；（四）其他足以引人误认为是他人商品或者与他人存在特定联系的混淆行为。

二、仿冒混淆行为的构成及法律责任

（一）行为构成

仿冒混淆行为是《反不正当竞争法》规制的七种不正当竞争行

为中最典型、最多发的行为之一，即我们俗称的"傍名牌"。在生产经营活动中，经营者应当通过自身努力，提高自己商品或者服务的质量，增加影响力和美誉度，从而提高市场竞争力。但是实践中，有的经营者却不愿意通过自身努力提高市场竞争力，而是试图通过"搭便车""傍名牌"的方式不劳而获，即通过仿冒他人商品标识、企业主体标识、生产经营活动标识等，引人将自己的商品误认为是他人商品或者与他人存在特定联系，以借用他人或者他人商品的影响力、美誉度，提高自己以及自己商品的市场竞争力。这就是《反不正当竞争法》要规制的仿冒混淆行为。仿冒混淆行为不但损害了被混淆对象的合法权益，欺骗、误导了消费者，而且扰乱了市场竞争秩序，是一种典型的不正当竞争行为，是有关国际公约和各国竞争法律重点规制的内容。

仿冒混淆行为认定要注意几个要点：

1. 实施混淆行为的主体是经营者

本条所称"经营者"，包括从事商品生产、经营或者提供服务的自然人、法人和非法人组织。

2. 被混淆对象是有一定影响的标识

这里面有两个概念："标识""有一定影响"。本条规定的被混淆对象主要包括三类标识。第一类是商品标识，即他人有一定影响的商品名称、包装、装潢等标识。其中既包括使用与他人标识完全相同的标识，也包括使用与他人标识近似的标识；既包括商品标识，也包括服务标识；既包括明确列举的商品名称、包装、装潢，也可以视具体情况包括未明确列举的他人商标、商品形状等。第二类是主体标识，包括企业名称及其简称、字号等，社会组织名称及其简称等，自然人姓名、笔名、艺名、译名等。第三类是网络活动中的一些特殊标识，如他人有一定影响的域名主体部分、网站名称、网页等。需要强调的是，本条对标识的保护是有一定条件的，《反不正当竞争法》保护的是"有一定影响"的标识。对"有一定影响"可以理解为在市场上具有一定知名度，为一定范围内的相关公众所知悉。判断商业标识是否"有一定影响"，可以综合考虑下列因素：相关公众对商业标识的知晓情况；商业标识使用的持续时间和地理范围；对商业标识进行宣传的时间、方式、程度、地理范围；其他使得商业标识具有一定影响的因素等。

3. 从事混淆行为的方式是"擅自使用"

"擅自使用"一般理解为未经权利人同意的使用。擅自使用包括生产、销售、仓储、运输等经营中的各个环节。对于生产、销售仿冒混淆商品或者为仿冒混淆商品提供便利条件等各种行为，都属于"擅自使用"的范畴。

4. 混淆的表现形式是可能引人误认为是他人商品或者与他人存在特定联系

《反不正当竞争法》第六条规定的"引人误认为是他人商品或者与他人存在特定联系"，是一种可能性，而不要求必然发生，即只要存在引人误认为是他人商品或者与他人存在特定联系的可能性，即涉嫌构成不正当竞争。其中，"引人误认"一般以相关公众，即相关领域的普通消费者，以与商品价值相适应的一般注意力对商品形成的整体印象来判断。混淆的表现形式包括两种：一种是商品来源混淆，即将经营者的商品误认为是他人商品；另一种是特定联系混淆，即误以为该经营者或者其商品与被混淆对象存在商业联合、许可使用、商业冠名、广告代言等特定关系。

（二）法律责任

1. 加重了经营者违反本条规定的行政责任

修订后的《反不正当竞争法》第十八条增加了监督检查部门有权没收违法商品的规定，加大了行政处罚力度，对违法经营额五万元以上的，处违法经营额五倍以下的罚款，情节严重的，可以吊销营业执照；没有违法经营额或者违法经营额不足五万元的，处以二十五万元以下的罚款。与修订前的《反不正当竞争法》对应罚则相比，违法经营者的侵权成本明显大幅度提升。

2. 对不当登记和使用企业名称的行为制定了针对性的纠正措施

修订后的《反不正当竞争法》有效衔接了《商标法》第五十八条的规定，对于将他人注册商标作为企业名称中的字号使用等导致市场混淆的情形，规定了纠正措施，"经营者登记的企业名称违反本法第六条规定的，应当及时办理名称变更登记；名称变更前，由原企业登记机关以统一社会信用代码代替其名称"。

相较于原有的企业名称登记及变更的规范性文件，对于如何纠正不当登记的企业名称缺乏具体的可操作性的规定，通常依赖于侵权行为人主动进行企业名称变更。如侵权行为人未主动申请变更原有不当登记的企业名称，企业登记机关及行政处罚机关往往无具体依据进行主动处理，使得市场混淆有损竞争秩序与经营者权益的行为仍可能存在。此次修订直接规定"名称变更前，由原企业登记机关以统一社会信用代码代替其名称"，对市场混淆的不利后果进行了有效的遏制，对负责查处的部门与负责企业登记的部门各有明确的分工，实际可操作性大大加强。

第三节　商业贿赂行为

一、商业贿赂行为概述

商业贿赂是贿赂行为的一种，是贿赂行为在商业领域或者市场交易中的具体表现。随着我国市场化进程的加快，经济成分多样化、利益主体多元化，市场竞争日益激烈，近年来商业贿赂在一些医药购销、餐饮服务、金融保险、工程建筑、房地产等行业、领域或单位较为严重，表现形式多种多样，成为经济社会生活中的一大公害。商业贿赂作为一种不正当竞争行为，其首要的危害就是破坏了正常的交易秩序，阻碍了市场竞争机制正常作用的发挥，使得那些投机取巧者获得竞争中的优势，而坚持诚实信用原则且本来有竞争力的经营者反而遭到淘汰，影响了企业生产、技术的进步和产品质量的提高，妨碍了经济的健康发展，影响社会生产力的进步。同时，因商业贿赂的存在，可能令经营者将成本转嫁给消费者，使得本来就处于弱势的消费群体增加负担；更为严重的是，商业贿赂会使一些劣质产品流入市场，损害消费者的合法利益，特别是在医疗行业，更会损害消费者的健康乃至生命。进一步来看，商业贿赂腐蚀国家机关工作人员和企业事业从业人员，滋生腐败现象和经济犯罪，降低政府公信力。商业贿赂还会影响国际社会对我国投资环境和商业活动的评价，损坏我国的国际形象，不利于我国有效应对和参与更加激烈的国际竞争。因此，依法规制商业贿赂行为，具有多方面的积极意义，从竞争法的角度来看，有利于维护公平竞争秩序，营造公平和透明的市场竞争环境，确保市场竞争机制正常发挥作用，维护社会公平正义。

2005 年联合国签署的《联合国反腐败公约》（以下简称《公约》）生效，成为联合国历史上第一个指导国际反腐败的文件。我国第十届全国人民代表大会常务委员会第十八次会议决定在宣布保留第 66 条第 2 款的前提下，于 2005 年 10 月 27 日批准加入《公约》。《公约》规定，"禁止贿赂本国、外国公职人员，禁止部门内的贿赂，禁止影响力交易""采取措施保障公共部门的廉洁，实行公职人员行为守则，加强公共采购和公共财政管理，定期向公众报告，推动社会参与反腐败行动，加强监督私营部门，加强监督财务会计"。《公约》将商业贿赂区分为公职贿赂和私营部门贿赂，在行贿方面，规定"许诺给予、提议给予、实际给予"三种贿赂行为方式。在贿赂的范围方面，规定的是"不正当好处"，适用范围较广。由于商业贿赂行为的复杂性和严重危害性，世界各国和地区都十分注重运用经济、行政、刑事等手段进行综合治理，特别是西门子"贿赂门"使得美国《海外反腐败法》（FCPA）成为国际商业界、法律界的热门话题。根据《反海外腐败法》规定，外国个人、公司、官员、董事、雇员、代理人或者代表公司的股东等人命令、授权或者协助他人违反了该法的规定，该个人或者公司将受到较为严厉的处罚，并同时承担刑事、民事和行政责任。

原国家工商行政管理局于 1996 年 11 月颁布实施的《关于禁止商业贿赂行为的暂行规定》，是一个针对商业贿赂行为的专门性行政规章，首次对商业贿赂的内涵和外延作出了明确界定，对贿赂的手段、范围作出了解释，区分了"回扣"和"折扣"的概念，并进一步明确、细化了商业贿赂的行政责任，增强了《反不正当竞争法》相关条文的可操作性，对于打击商业贿赂起到了良好效果。随着 2018 年新《反不正当竞争法》生效实施，该规章也将在不远将来进行全面修订。

二、商业贿赂行为的构成及法律责任

（一）行为构成

在生产经营活动中，有的经营者通过商业贿赂的方式不当谋取交易机会或者竞争优势，排挤了其他竞争者的交易机会，扭曲了公平竞争的市场机制，扰乱了市场竞争秩序，是典型的不正当竞争行为，应当予以明确禁止。适用《反不正当竞争法》第七条关于禁止商业贿赂行为的规定，需要把握以下要点：

1. 商业贿赂的主体

（1）行贿主体——经营者

《反不正当竞争法》第七条所称"经营者"，包括从事商品生产、经营或者提供服务的自然人、法人和非法人组织。需要强调的是，不但经营者本人直接进行的商业贿赂行为应当适用本条的规定，而且经营者通过其工作人员进行的商业贿赂行为，也应当认定为经营者的行为。在《反不正当竞争法》修改过程中，有的经营者提出，有时候经营者的工作人员为完成销售指标、获取业务提成、实现职务升迁等个人目的，也可能进行商业贿赂，不应当将工作人员的商业贿赂行为一律认定为经营者的行为；只要经营者制定了严格的反商业贿赂规章制度，对工作人员进行了必要的管理培训，即应免除其责任。但是，多数意见认为，经营者对其工作人员负有管理义务，绝大多数情形下，经营者的工作人员进行商业贿赂，都直接或者间接地为经营者谋取了交易机会或者竞争优势，因此，原则上经营者都应当为工作人员的商业贿赂行为承担责任。实践中，有的经营者形式上制定了反商业贿赂规章制度、进行了管理培训，但在营销方式、薪酬制度、升迁规则设计上放任工作人员进行商业贿赂，事后又以属于工作人员个人行为为由逃避责任，对此应当重点规范。综合上述两方面意见，《反不正当竞争法》第七条第三款一方面明确规定，经营者的工作人员进行贿赂的，应当认定为经营者的行为；另一方面又为经营者提供了反证机会，即经营者有证据证明该工作人员的行为与为经营者谋取交易机会或者竞争优势无关的除外。

（2）三类受贿主体

商业贿赂的受贿主体包括三类：

第一类是交易相对方的工作人员，一般是因其在交易相对方中担任的职务（例如公司高级管理人员），或者因其受交易相对方指派办理相关事务（例如公司采购人员），而能够帮助行贿人谋取交易机会或者竞争优势。

第二类是受交易相对方委托办理相关事务的单位或者个人（例如交易相对方的代理人、受托人等），因其所受的委托，而能够帮助行贿人谋取交易机会或者竞争优势。

第三类是利用职权或者影响力影响交易的单位或者个人。这类主体主要是因其自身的职权或者影响力，而能够影响交易相对方的经营决策，或者影响交易相对方的工作人员，从而能够帮助行贿人谋取交易机会或者竞争优势。这种职权或者影响力最典型的是来自国家机关、国有企业及其工作人员，以及具有公共管理和服务职能的单位或者个人，比如医疗、教育等与民生密切相关的行业和领域。

2. 商业贿赂的目的

只有以谋取交易机会或者竞争优势为目的的贿赂行为，才可能构成《反不正当竞争法》调整的商业贿赂行为，这是商业贿赂区别于一般贿赂的本质特征。获取"交易机会"是指经营者通过商业贿赂，取得或者增加与交易相对方达成交易的可能性。获取"竞争优势"是指经营者通过商业贿赂，取得相对于其竞争者的优势地位。"竞争优势"的表现形式既可以是促成行贿人的特定交易，也可以是阻碍其竞争者的特定交易，还可以是在特定领域形成行贿人的排他权、优先权、市场优势地位等。需要强调的是，不论经营者谋取的是不正当的交易机会或者竞争优势，还是正当的交易机会或者竞争优势，都可能构成商业贿赂。

3. 商业贿赂的手段

商业贿赂的手段既包括财物，也包括其他手段。不论是财物，还是其他手段，只要对受贿人有价值，都可能被用于进行商业贿赂。实践中，"其他手段"不可胜数，例如免费或者以不合理低价向受贿人提供旅游接待、房屋装修、汽车使用权，为受贿人亲属安排出国学习、提供工作机会等等。

4. 商业贿赂和合法折扣、佣金的区分

本条第二款规定，经营者在交易活动中，可以以明示方式向交易相对方支付折扣，或者向中间人支付佣金。所谓"折扣"，即商品购销中的让利行为，是指经营者在销售商品时，以明示并如实入账的方式给予对方的价格优惠。所谓"佣金"，是指中间人在商业活动中，因代买、代卖或者介绍买卖而收取的劳务报酬。在认定"佣金"时，要重点考察"中间人"是否为经营者提供了符合商业惯例的劳务，经营者所支付的佣金是否严重偏离其所提供的劳务等，以便与介绍贿赂人、实际受贿人的代理人相区分。

为防止以折扣、佣金为名，行商业贿赂之实，《反不正当竞争法》第七条第二款对合法的折扣、佣金设置了两个条件：一是要以明示方式进行；二是要如实入账，不但经营者向交易相对方支付折扣、向中间人支付佣金应当如实入账，而且接受折扣、佣金的经营者也应当如实入账。

（二）法律责任

商业贿赂对社会、经济制度或市场体制所造成的危害是全面的、深入的和全方位的。如果将商业贿赂横向与纵向渗透、扩展的情况结合起来看，其产生的破坏力是多层次、立体式和持续性的，对整个社会的政治、经济、文化、社会价值取向甚至人们的是非观、廉耻观产生直接而现实的影响。健全商业贿赂的行政责任，设置较大的处罚力度、多元的处罚方式，有利于提高违法成本，增强法律的威慑力，进而有效规范经营者的商业行为，维护市场公平竞争秩序。

《反不正当竞争法》修订之前，对尚未构成犯罪的商业贿赂行为，可处以一万元以上、二十万元以下的罚款，有违法所得的，依法予以没收。修订后的《反不正当竞争法》对商业贿赂行为设置了严格的行政责任，其第十九条规定，经营者违反本法第七条规定贿赂他人的，由监督检查部门没收违法所得，处十万元以上三百万元以下的罚款。情节严重的，吊销营业执照。与修订前的法律相比，现有规定显著加大了针对商业贿赂的行政处罚力度，罚款上限从二十万元提升至三百万元，并增加了吊销营业执照的严厉处置。

第四节　虚假或引人误解的商业宣传行为

一、虚假或引人误解的商业宣传行为概述

我国 1993 年《反不正当竞争法》第九条对禁止虚假宣传作了规定，修订后主要对如下内容进行了修改：一是删除了关于禁止虚假广告的内容，因为《广告法》对此已经作了专门规定。二是针对电子商务领域通过虚假交易进行虚假宣传问题，特别强调经营者不得对其商品的"销售状况""用户评价"作虚假宣传；同时增加一款规定：经营者不得通过组织虚假交易等方式，帮助其他经营者进行虚假或者引人误解的商业宣传，对实践中典型、多发的"刷单炒信"等电子商务领域虚假宣传行为明确了规制条款。三是明确了虚假宣传的形式是虚假或者引人误解的商业宣传，结果是欺骗、误导消费者。

"虚假"是与实际不相符合的内容，从现实情况来看，虚假既包括子虚乌有的根本不存在的情况，又包括歪曲了的事实，即歪曲后的事实与原本事实不一致。"引人误解"包含了真实的表示引人误解的情况和虚假的表示引人误解等情况。修订后的《反不正当竞争法》第八条对虚假或者引人误解两种宣传方式进行了区分，这种立法模式是符合实践经验和逻辑规范的。

二、虚假或引人误解的商业宣传条款的构成及法律责任

（一）行为构成

经营者进行商业宣传，向消费者提供商品、服务信息，是消费者购买选择的重要参考，有利于培养消费习惯、创造消费需求，建立、提升经营者及其商品、服务的形象，帮助经营者增加销量、扩大利润、促进市场竞争。但是，有的经营者对其自身企业情况、商品性能、服务质量等，作虚假或者引人误解的商业宣传，欺骗、误导了消费者，不当抢夺了其他经营者的交易机会，违反了诚实信用原则，扰乱了市场竞争秩序，属于典型的不正当竞争行为，应当予以禁止。适用《反不正当竞争法》第八条关于禁止虚假宣传的规定，需要把握以下要点：

1.虚假宣传的对象是与经营者自身，或者经营者经营的商品或者服务相关的信息

对相关信息应当作广义理解，既可以包括关于商品或者服务的自然属性的信息（如商品的性能、功能、产地、用途、质量、成分、有效期限等，服务的标准、质量、时间、地点等），也包括商品的生产者、经营者、服务提供者的信息（如企业简介，企业资质，资产规模，曾获荣誉，与知名企业、知名人士的关系等），还可以包括商品的市场信息（如价格、销售状况、用户评价等）。由于列举无法穷尽，本条择要列举了商品的性能、功能、质量、销售状况、用户评价、曾获荣誉，同时用"等"字兜底，保证其广泛的适用性。

2.形式上，虚假宣传的内容系虚假或者引人误解

这里事实上有两种情形，一是虚假，二是引人误解。内容虚假，即内容不真实，与实际情况不符。例如，宣传药品包治百病，将国内

小作坊产品宣传为国外知名企业产品，将提供服务的普通工人宣传为国家高级技师，将"三无"产品宣传为拿过若干国际国内大奖，等等。内容引人误解，一般是指内容中使用含糊不清、有多重语义的表述，或者表述虽然真实，但是仅陈述了部分事实，让人引发错误联想。例如，宣传"瑞士进口全机械机芯手表"，既可以理解成机芯是瑞士进口的，又可以理解成手表是瑞士进口的；又如，宣传产品含有珍贵物质，该物质对人体特别有益，但实际上该产品中珍贵物质含量极低，消费者使用该产品不足以获得所宣称的益处；再如房地产销售中，宣传房产项目距离火车站 500 米，属于歧义性语言。

3. 效果上，虚假宣传有欺骗、误导消费者的可能性，或者已经造成了欺骗、误导消费者的客观后果

此处的"消费者"，应当作广义理解，即"相关公众"，既包括购买了商品或者服务的实际消费者，又包括可能购买商品或者服务的潜在消费者。同时，对消费者的欺骗、误导，只要存在这种可能性就涉嫌违法，不要求具体现实的误导后果。

4. 行为上，丰富了虚假宣传的行为类型，增加对刷单炒信行为的规制

这是《反不正当竞争法》修法新增加的一款，主要是考虑到目前电子商务领域利用虚假交易进行虚假宣传的情况较为普遍，有的网店通过虚假交易给自己虚构成交量、交易额、用户好评，以吸引消费者点击、购买，不当谋取交易机会或者竞争优势，即我们常说的"刷单炒信"。为满足这一需求，还有专门从事刷单业务的公司，组织大量人员为网店提供刷单炒信服务，帮助网店进行虚假宣传，谋取不正当利益，甚至形成黑色产业链。针对上述情况，修订后的《反不正当竞争法》作了专门规定，明确规定经营者不得通过组织虚假交易等方式，帮助其他经营者进行虚假或者引人误解的商业宣传。

（二）法律责任

关于虚假宣传的法律责任，《反不正当竞争法》第二十条规定，经营者违反本法第八条规定，对其商品作虚假或者引人误解的商业宣传，或者通过组织虚假交易等方式帮助其他经营者进行虚假或者引人误解的商业宣传的，由监督检查部门责令停止违法行为，处二十万元以上一百万元以下的罚款；情节严重的，处一百万元以上二百万元以下的罚款，可以吊销营业执照。

同时，《反不正当竞争法》第二十条明确了虚假宣传与虚假广告的法律适用问题。众所周知，商业宣传包括商业广告，广告是宣传的一种手段和形式。对于广告行为，已经有专门的《广告法》进行规范。因此，《反不正当竞争法》第二十条规定，经营者违反本法第八条规定，属于发布虚假广告的，依照《广告法》的规定处罚。

第五节　侵犯商业秘密行为

一、侵犯商业秘密行为概述

2017 年、2019 年两次修订《反不正当竞争法》，内容均涉及商业秘密保护条款，对违法主体、行为类型、法律责任等均进行了细化完善，进一步加大了知识产权保护力度。具体而言，一是进一步完善商业秘密的定义，删除了"实用性"的要求，将"保密措施"修改为"相应保密措施"，将"技术信息和经营信息"修改为"技术信息、经营信息等商业信息"，更加符合商业秘密保护的实际。二是进一步明确侵犯商业秘密的情形，增加了以电子侵入手段获取权利人商业秘密，以及教唆、引诱、帮助他人违反保密义务或者权利人有关保密的要求，获取、披露、使用或者允许他人使用权利人的商业秘密的情形。三是扩大了侵犯商业秘密行为的主体范围，专门增加一款，即"经营者以外的其他自然人、法人和非法人组织实施前款所列违法行为的，视为侵犯商业秘密"。四是增加了"监督检查部门及其工作人员对调查过程中知悉的商业秘密负有保密义务"的规定。五是进一步强化侵犯商业秘密行为的法律责任。专门增加规定，对于恶意实施侵犯商业秘密行为，情节严重的，按照权利人因被侵权所受到的实际损失或者侵权人因侵权所获得的利益的一倍以上五倍以下确定赔偿数额；对权利人因被侵权所受到的实际损失、侵权人因侵权所获得的利益难以确定的，将人民法院判决的最高赔偿限额由三百万元提高到五百万元；加大对侵犯商业秘密行为的行政处罚力度，增加没收违法所得的处罚，并将罚款的上限由五十万元、三百万元分别提高到一百万元、五百万元。六是对侵犯商业秘密的民事审判程序中举证责任的转移作了规定。

二、侵犯商业秘密行为的构成及法律责任

（一）行为构成

1. 商业秘密的认定

在保护商业秘密或者制止商业秘密侵权行为过程中，对商业秘密本身的认定是前提和基础。并不是所有的商业信息都是商业秘密，只有该信息符合商业秘密的构成要件，才能成为法律意义上的商业秘密。从构成条件看，包括我国在内的各国法律规定与《与贸易有关的知识产权协定》（简称 TRIPs）的规定都比较接近，都强调商业秘密的所谓"三性"。按照我国《反不正当竞争法》第九条的规定，商业秘密是指不为公众所知悉、具有商业价值并经权利人采取相应保密措施的技术信息、

经营信息等商业信息，因此商业秘密的构成要件包括秘密性、商业价值性和管理性（保密性）。对商业秘密的认定主要是围绕以下三个基本要件进行的。

一是该信息不为公众所知悉，即具有秘密性。这种秘密性是相对的。一个经营者的独门秘方可能是商业秘密；几个经营者分头研发得到的相同技术成果，只要其他多数经营者不掌握，也可能分别构成商业秘密。但是，如果该信息是所属领域相关人员普遍知悉或者容易获得的，就不属于商业秘密。例如，该信息是其所属领域的一般常识或者行业惯例；该信息已经通过出版物、媒体、报告会、展览等形式公开；该信息仅涉及产品的尺寸、结构、材料、部件的简单组合，进入市场后所属领域相关人员通过简单观察即可直接获得等等。

二是该信息具有商业价值。首先，具有商业价值，是指该信息能够给经营者带来经济利益或者竞争优势。其次，具有商业价值的信息，可以是能够带来直接的、现实的经济利益或者竞争优势的信息，例如可以马上投入生产的产品配方、技术改良方案；也可以是能够带来间接的、潜在的经济利益或者竞争优势的信息，例如证明某些思路不可行的科研资料，可以帮助经营者调整研发思路、缩短研发期、降低研发成本。

三是权利人采取了相应保密措施。首先，保密措施的方式是多种多样的，例如制定保密规则，向员工提出保密要求，与员工签订保密协议，向员工支付保密费，对涉密信息采取加密、加锁、加保密提示、限定知悉范围、控制接触人群等措施。其次，保密措施应当与商业秘密的商业价值、独立获取难度等因素相适应。商业秘密的价值越大，他人通过独立研发、反向工程获取的难度越大，经营者就有义务采取越严格的保密措施。反之，如果商业秘密价值较小，他人独立获取难度不大，对经营者提出过高的保密要求，则不具有经济合理性。

2. 侵犯商业秘密的行为主体

《反不正当竞争法》第九条规定，经营者不得实施下列侵犯商业秘密的行为。同时第九条进一步明确，经营者以外的其他自然人、法人和非法人组织实施前款所列违法行为的，视为侵犯商业秘密。因此，任何自然人、法人和非法人组织实施了侵犯商业秘密的行为，都属于《反不正当竞争法》的规制范畴。

3. 侵犯商业秘密的行为

《反不正当竞争法》第九条列举了几种侵犯商业秘密行为的具体情形：

一是以盗窃、贿赂、欺诈、胁迫或者其他不正当手段获取权利人的商业秘密；二是披露、使用或者允许他人使用以前项手段获取的权利人的商业秘密；三是违反约定或者违反权利人有关保守商业秘密的要求，披露、使用或者允许他人使用其所掌握的商业秘密；四是教唆、引诱、帮助他人违反保密义务或者违反权利人有关保守商业秘密的要求，获取、披露、使用或者允许他人使用权利人的商业秘密；五是第三人明知或者应知商业秘密权利人的员工、前员工或者其他单位、个人实施前款所列违法行为，仍获取、披露、使用或者允许他人使用该商业秘密的，视为侵犯商业秘密。

（二）法律责任

对侵犯商业秘密行为的法律责任，《反不正当竞争法》第二十一条规定，经营者以及其他自然人、法人和非法人组织违反本法第九条规定侵犯商业秘密的，由监督检查部门责令停止违法行为，没收违法所得，处十万元以上一百万元以下的罚款；情节严重的，处五十万元以上五百万元以下的罚款。这也是《反不正当竞争法》规制的不正当竞争行为中罚款数额上限最高的一种行为。

第六节　不正当有奖销售行为

一、不正当有奖销售行为概述

有奖销售是经营者参与市场竞争的一种常用手段。经营者通过有奖销售，吸引消费者，可以增加市场交易，活跃市场竞争。但是，有的经营者在有奖销售过程中欺骗、误导、不当诱惑消费者，也可能扰乱市场竞争机制，损害消费者或者其他经营者的合法权益，构成不正当竞争。因此，有必要对有奖销售作出规范。

我国1993年施行的《反不正当竞争法》第十三条对有奖销售作了规定。新修订的《反不正当竞争法》对于原法中禁止不正当有奖销售条款作了修改完善，主要包括以下三方面：一是删除了有关禁止"利用有奖销售的手段推销质次价高的商品"的规定，因为《产品质量法》《消费者权益保护法》等对禁止以假充真、以次充好等已经作了明确规定。二是新增了一种禁止性情形，即"所设奖的种类、兑奖条件、奖金金额或者奖品等有奖销售信息不明确，影响兑奖"。三是考虑到经济社会发展和人民收入增长，将抽奖式有奖销售的最高奖金额上限由五千元调整为五万元。这些修改使关于有奖销售的规定更好地适应实践发展变化。

二、不正当有奖销售行为的构成及法律责任

（一）行为构成

《反不正当竞争法》明确禁止的不正当有奖销售有三种情形：

1.所设奖的种类、兑奖条件、奖金金额或者奖品等有奖销售信息

不明确，影响兑奖

该行为属于欺骗性有奖销售的一种。凡是以抽签、摇号等带有偶然性的方法决定购买者是否中奖或中奖种类的，均属于抽奖方式。经营者举办有奖销售，应当向购买者明示其所设奖的种类、奖金金额、兑奖条件等事项。一旦经营者已经向公众明示，则不得变更。规定有奖销售需公开的事项是为了让消费者可以了解可预期的利益，从而作出合理的选择。这种可预期的利益应该是通过兑奖可以实现的，也就是消费者预期的奖励可以直接、便利、明确地得以实现。同时，对所设奖的种类、兑奖条件、奖金金额或者奖品有不同理解时，应该按照有利于消费者的原则来解释。

2. 采用谎称有奖或者故意让内定人员中奖的欺骗方式进行有奖销售

在这两种情况下，参加购买的消费者根本不能中奖，因此，其性质也属于欺骗性有奖销售行为。但是这两者也有一定差别：谎称有奖的行为是经营者对外欺骗称其商品为有奖销售，以招揽顾客购买，实际上该经营者并未采取任何有关有奖销售的安排，不存在对消费者的奖励，致使许多购买者上当受骗。故意让内定人员中奖，是存在奖励的，只不过此奖只能由其内定的人员得到，例如其家人、亲戚、朋友、内部职工等，而广大购买者从概率上有中奖的可能性，但实际上没有中奖机会，不能得到奖品。这两种有名无实的销售行为，对于购买者是一种欺诈，对于同行业竞争者，则是争夺到了顾客，其行为方式是不正当的。

3. 抽奖式的有奖销售，最高奖的金额超过五万元

这一项是对高额有奖销售的限制，激烈的市场竞争使某些经营者不惜以巨奖引诱消费者。实行高额的有奖销售，导致经营者在设奖金金额上互相竞争，甚至以房屋、汽车作为奖品，干扰了正常的经营活

动，对于不可能采用有奖销售的较为弱小的企业来说，高额有奖销售的结果是，很可能把这些小企业排斥出市场，因此是不公平的竞争。同时，高额奖项的销售还会助长购买者的投机心理和侥幸意识，容易使人把商场当作赌场，使消费者很难依据市场供求状况、商品的效用和自己的需要等因素作出理性判断和真实的意思表示，并且因为羊毛出在羊身上，高额有奖销售必定会导致商品的价格上涨，从而也会损害消费者的利益。而从社会政策的角度看，以抽签方式提供巨奖的行为与赌博无异，存在败坏社会风气的隐忧，法律也应当对这类促销活动予以规制。

（二）法律责任

对不正当有奖销售行为的法律责任，《反不正当竞争法》第二十二条规定，经营者违反本法第十条规定进行有奖销售的，由监督检查部门责令停止违法行为，处五万元以上五十万元以下的罚款。

三、《规范促销行为暂行规定》对有奖销售行为的规定

商业促销是促进国内消费循环，提升企业竞争力的重要商业活动。规范促销行为不仅有利于保护广大消费者利益，更为重要的是为广大经营者在开展集中促销、线上促销、附奖赠促销等提供高质量的市场发展环境。《规范促销行为暂行规定》是市场监管总局依据包括《反不正当竞争法》在内的多部法律而制定，是我国规范商业促销行为的一部重要专门性规章。

《规范促销行为暂行规定》共六章三十一条，分别为总则、促销行为一般规范、有奖销售行为规范、价格促销行为规范、法律责任和附则。根据本规定，有奖销售是指经营者以销售商品或者获取竞争优

势为目的，向消费者提供奖金、物品或者其他利益的行为，这为《反不正当竞争法》有奖销售提供了更为具体的法律界定。交易场所提供者发现场所内（平台内）经营者在促销中出现违法行为的，要保存有关信息记录，并协助市场监管部门查处违法行为。有奖销售前，经营者应当明确公布兑奖信息，以及建立相关档案并保存两年。对于在有奖销售中作虚假或者引人误解的商业宣传，欺骗、误导公众的，将根据虚假宣传相关规定依法查处。

第七节　商业诋毁行为

一、商业诋毁行为概述

在市场竞争中，尤其是同行业的竞争中，竞争者应当通过自己的努力，建立、维护自己的商业信誉、商品声誉，以取得交易伙伴、消费者的信任，赢得更多交易机会和竞争优势。但是，有的经营者却通过编造、传播虚假信息或者误导性信息，损害竞争对手的商业信誉、商品声誉，以破坏竞争对手的交易机会和竞争优势，这就构成了商业诋毁。商业诋毁不但损害了其他经营者的合法权益，而且向消费者提供了错误信息，干扰了消费者的正常交易选择，扰乱了市场竞争秩序，是一种典型的不正当竞争行为，应当予以严格禁止。

修订后的《反不正当竞争法》不仅重新概括归纳了商业诋毁的行为方式、表现形式，还完善了此类行为的法律责任。与对其他多数不正当竞争行为的规定不同，修订前的《反不正当竞争法》没有规定商业诋毁行为的行政责任，这在执法实践中产生了不少问题。修订后的《反不正当竞争法》健全了行政责任之规定，其条款内容有助于认定和规制实践中层出不穷的各种商业诋毁、攻击行为，有利于维护市场公平竞争秩序，构建良好的商业道德规范体系。

二、商业诋毁行为的构成及法律责任

（一）行为构成

适用《反不正当竞争法》第十一条规定认定商业诋毁，要把握以下要点：

1.商业诋毁的对象是竞争对手

传统上，一般仅将生产、销售相同或相似产品或服务的经营者认定为竞争对手，对此类竞争对手进行商业诋毁最为典型，也最为多发。随着实践发展，竞争手段的多样化以及商业模式的发展变化，有必要根据个案情况，对竞争对手作更加广义的理解。一是经营者生产、销售的产品或者服务虽然不相同、不相似，但具备相似功能、可以相互替代的，也可能构成竞争对手。例如，录音机、CD 机、MP3播放器生产者和音乐手机生产者可能成为音乐播放工具的竞争对手。二是经营者之间存在争夺消费者注意力、购买力等商业利益冲突的，也可能成为竞争对手。例如，网络游戏提供者、社交软件提供者、视频网站可能因争夺消费者的上网流量、广告机会而成为竞争对手。

2.商业诋毁的行为表现是编造、传播虚假信息或者误导性信息

"虚假信息"，即内容不真实，与实际情况不符的信息。编造虚假信息，例如无中生有地宣称竞争对手遭遇经营困难、被有关主管部门查处；毫无根据地宣称竞争对手的产品存在质量问题等。"误导性信息"，一般是指信息虽然真实，但是仅陈述了部分事实，容易引发错误联想的信息。例如，恶意对竞争对手提起诉讼，在法院终审判决前传播竞争对手遭遇重大诉讼的信息，暗示与其交易存在风险，破坏竞

争对手的交易机会。

虚假信息或者误导性信息要对竞争产生影响，还必须经过"传播"。实践中，传播的方式很多，有通过广播、电影、电视、报纸、杂志、网络等大众传播媒介传播的，有在产品订货会、发布会等交易场所传播的，有通过律师函、公开信、公开启事等方式传播的，有专门向竞争者的合作伙伴发函、发电子邮件传播的，有通过向相关部门、行业组织、消费者组织投诉举报传播的，等等。

3. 商业诋毁的后果是损害竞争对手的商业信誉、商品声誉

商业信誉、商品声誉反映的是人们对经营者本身以及其提供的商品或者服务的社会评价。这里的"损害"，既包括损害某一个经营者或某个商品的商业信誉和声誉，也可能包括损害某种类型、某个行业的商业信誉、某类别商品的声誉；既包括造成实际损害，也包括造成损害的可能性；既包括造成直接利益损失，也包括造成潜在利益损失，如丧失交易机会、降低议价能力等。

（二）法律责任

对商业诋毁行为的法律责任，《反不正当竞争法》第二十三条规定，经营者违反本法第十一条规定损害他人商业信誉、商品声誉的，由监督检查部门责令停止违法行为、消除影响，处十万元以上五十万元以下的罚款；情节严重的，处五十万元以上三百万元以下的罚款。

第八节 互联网不正当竞争行为

一、互联网不正当竞争行为概述

近年来，随着互联网技术和商业模式的快速发展，网络领域涉及

不正当竞争的纠纷不断出现。修订后的《反不正当竞争法》，根据网络领域反不正当竞争的客观需要，专门增加了针对网络领域不正当竞争行为的规定。关于网络领域不正当竞争行为，目前来看，大体分为两类情况：

一类是传统不正当竞争行为在网络领域的延伸。比如，利用网络实施混淆仿冒、虚假宣传、商业诋毁等不正当竞争行为。这类网络不正当竞争行为，与传统经济领域内的不正当竞争行为相比，只是因为网络领域的特点而呈现出不同的表现形式，并不存在实质上的区别。对这类行为，依据《反不正当竞争法》第二章相应条文的具体规定进行处理。

另一类属于网络领域特有的、利用技术手段实施的不正当竞争行为。这类行为不同于传统经济领域内的不正当竞争行为，属于随着网络技术的发展出现的新情况，修订前的《反不正当竞争法》对此也缺乏相应的具体规范。对这类行为，司法实践中一般根据《反不正当竞争法》第二条"一般条款"，以相关行为违反诚信原则或者商业道德等进行判定。行政机关根据依法行政的原则，在修法前对这类行为不能进行监督检查，修法后，增加了对利用互联网技术手段实施不正当竞争行为进行规制的条款，弥补了法律的一大空白。

二、互联网不正当竞争行为的构成及法律责任

（一）行为构成

经营者不得利用技术手段，通过影响用户选择或者其他方式，实施下列妨碍、破坏其他经营者合法提供的网络产品或者服务正常运行的行为：（一）未经其他经营者同意，在其合法提供的网络产品或者服务中，插入链接、强制进行目标跳转；（二）误导、欺骗、强迫用户修改、关闭、卸载其他经营者合法提供的网络产品或者服务；

（三）恶意对其他经营者合法提供的网络产品或者服务实施不兼容；

（四）其他妨碍、破坏其他经营者合法提供的网络产品或者服务正常运行的行为。

《反不正当竞争法》第十二条第二款规定的利用技术手段实施的不正当竞争行为共四项，前三项采取列举的形式规定了三种情形，第四项是兜底条款。

1. 未经其他经营者同意，在其合法提供的网络产品或者服务中，插入链接、强制进行目标跳转

如用户在使用某款搜索引擎进行关键词搜索时，其他经营者在搜索结果页面出现前插入广告页面并持续数秒，其间，点击该广告页面即进入跳转至广告宣传网站新窗口，不点击则数秒钟后自动展现搜索结果页面。这种插入广告的行为就属于未经同意插入链接的不正当竞争行为。

2. 误导、欺骗、强迫用户修改、关闭、卸载其他经营者合法提供的网络产品或者服务

例如用户安装某款安全软件后，该软件自动对某款社交软件进行体检，以红色字体警示用户该软件存在严重的安全问题（实际上并不存在），并以绿色字体提供"一键修复"帮助。用户点击"一键修复"后，该安全软件即禁用了该社交软件的部分插件，并将该社交软件的安全沟通界面替换成自己的相应界面。这种情况就属于误导、欺骗用户修改他人网络产品或者服务的不正当竞争行为。

3. 恶意对其他经营者合法提供的网络产品或者服务实施不兼容

互联网以互联互通为基础，强调共享、共治、开放、包容。经营者恶意对他人的网络产品或者服务实施不兼容，不仅违反互联网开放、包容的精神，也构成对他人网络产品或者服务的妨碍、破坏，使其不能正常运行，属于不正当竞争行为。在对经营者是否存在恶意的

判断上，可从该经营者实施的不兼容行为是否符合诚信原则和商业道德等要求进行综合考量。

4.其他妨碍、破坏其他经营者合法提供的网络产品或者服务正常运行的行为

为防止挂一漏万，还规定了本项作为兜底条款。

（二）法律责任

对互联网不正当竞争行为的法律责任，《反不正当竞争法》第二十四条规定，经营者违反本法第十二条规定妨碍、破坏其他经营者合法提供的网络产品或者服务正常运行的，由监督检查部门责令停止违法行为，处十万元以上五十万元以下的罚款；情节严重的，处五十万元以上三百万元以下的罚款。

第四章

直销监管与禁止传销

第一节 概　述

　　直销是指直销企业招募直销员，由直销员在固定营业场所之外直接向最终消费者推销产品的经销方式。2005年12月，我国开始实施《直销管理条例》，开放直销市场，规范直销活动。传销（国外多称为金字塔欺诈）是一种以发展人员提取报酬为主要形式的欺诈行为，危害性极大。直销与传销在特点上有相似之处，在产生和发展上有联系，直销可以演变成为传销，传销也往往打着直销的旗号。国外普遍采用法律形式禁止传销。我国制定了《禁止传销条例》，并在《中华人民共和国刑法》（以下简称《刑法》）中增设了组织、领导传销活动罪，禁止任何单位或个人从事传销活动。

　　直销作为一种经营模式起源于美国，20世纪90年代初，一些国外直销企业开始进入中国。由于我国正处于社会主义市场经济发展初级阶段，市场发育程度较低，法律法规还不够完善，政府管理经验不足，直销市场的发展很不顺利，特别是传销行为混在其中。一些不法单位和个人打着"快速致富"的旗号，混淆直销、传销的基本概念，诱骗群众参与传销，利用虚假宣传、组成封闭人际网络、收取高额入门费等手段敛取钱财。还有一些人利用传销从事迷信、帮会、价格欺诈、推销假冒伪劣产品等违法犯罪活动，不仅干扰了正常的经济秩序，严重损害人民群众的利益，还严重影响了我国的社会稳定。鉴于此，1998年4月，国务院发出《关于禁止传销经营活动的通知》（以下简称《通知》）（国发〔1998〕10号），明确指出"传销经营不符合我国现阶段的国情，已造成严重危害，对传销经营活动必须坚决予以禁止"。自《通知》发布之日起，我国禁止任何形式的传销经营活动，并组织相关部门对各种形式的传销进行了全面整顿和禁止。

一、两个《条例》的起草和颁布实施

2001 年 12 月 11 日，中国正式成为世贸组织（WTO）成员。在加入世贸议定书中，我国政府承诺加入世贸组织三年内取消对"无固定地点批发和零售服务"的限制，并制定与 WTO 规则和中国"入世"承诺相符合的关于无固定地点销售的法规。这里所称的"无固定地点销售"，主要就是直销。由于直销进入我国的时间不长，公众对直销的认识也还存在着一定程度的偏差，区别合法直销和非法传销的能力相对薄弱，因此制定一部既符合我国国情，又能够使消费者的权益得到充分保障，并内外一致的直销法规，对正确引导直销业趋利避害、稳步开放、规范发展，严厉打击传销活动，十分必要。

考虑我国社会主义市场经济建立和完善的需要，以及加入世贸组织的承诺，《直销管理条例》《禁止传销条例》（以下简称"两个《条例》"）的起草工作同步进行。经过广泛的调研和征求意见，原工商总局负责起草的《禁止传销条例》（送审稿）和参与起草的《直销管理条例》（送审稿）于 2004 年底上报国务院。国务院法制办在征求有关部门和部分省市政府对两个《条例》（送审稿）意见的基础上，修改形成了两个《条例》（草案）报送国务院审议。2005 年 8 月 10 日，国务院第 101 次常务会议通过了两个《条例》。

两个《条例》的颁布实施，标志着规范直销、打击传销工作进入了一个新的阶段，既是我国履行"入世"承诺、引导直销业健康有序发展的需要，更是打击欺诈、维护市场经济秩序和人民群众根本利益的需要。两个《条例》是社会主义市场经济法律制度的组成部分，是市场监管部门履行职责、发挥职能作用的重要法律保障。

二、直销的概念和特征

根据《直销管理条例》规定，直销是指直销企业招募直销员，由直销员在固定营业场所之外直接向最终消费者推销产品的经销方式。其内涵包括：

（一）直销是一种经销方式

与传统商业在固定营业场所进行销售的方式不同，直销是在固定营业场所之外实现向消费者销售；与自动贩卖、媒体行销、邮购行销等其他无店铺销售方式不同，直销是通过人员直接向消费者销售。

（二）直销是直销员直接向消费者销售的方式

在直销活动中，直销员直接面对最终消费者销售。直销企业支付给直销员的报酬只能按照直销员本人直接向消费者销售产品的收入计算，不允许团队计酬。

（三）直销是销售商品的方式

直销必须是有商品的销售，直销企业必须建立完备的商品退换制度。直销的商品应当是物化的有形商品，不得是虚拟的商品。

（四）直销是需要事先得到许可的销售方式

未经有关职能部门批准，任何企业、组织或个人不得采取招募推销人员，由推销人员在固定营业场所之外直接向最终消费者推销产品的经销方式。否则，按擅自从事直销进行查处。

直销企业是指依照《直销管理条例》规定，经批准可以采取直销方式销售产品的企业。截至 2019 年 3 月，获得商务部直销经营许可并完成服务网点核查备案的直销企业共有 91 家。

根据市场监管总局和商务部关于直销产品范围的公告，目前直销产品包括化妆品、保健食品、保洁用品、保健器材、小型厨具、家用电器六类。

三、传销的概念和特征

根据《禁止传销条例》规定，传销是指组织者或者经营者发展人员，通过对被发展人员以其直接或者间接发展的人员数量或者销售业绩为依据计算和给付报酬，或者要求被发展人员以交纳一定费用为条件取得加入资格等方式牟取非法利益，扰乱经济秩序，影响社会稳定的行为。传销的主要特征是发展人员、组成网络、复式计酬。

（一）发展人员

发展人员即介绍加入，是指加入组织或者成为经营者招募的人员必须通过组织内或者经营者已招募的人员介绍，才能加入组织，取得成为组织一员的资格；只要成为组织的一员，就可以获得推荐其他人员加入的资格。

（二）组成网络

通过介绍加入组成网络，组织内部形成推荐者、被推荐者的上下线隶属关系和层层推荐形成的人及组织网络，采用这种上下线间的人际关系来达到组织在管理、发展、牟取利益等方面的目的。

（三）复式计酬

参加者可以从其个人销售产品或服务中获得报酬，也可以从其发展的人员数量或者下线的销售业绩作为计酬依据获得报酬，还可以从其发展的下线介绍加入的人员数量或者销售业绩为依据计提报酬。这是维系其人际网络存在的基础。

四、直销与传销的区别

（一）合法性方面

直销是一种合法的销售商品的经营活动，传销是法律禁止的行为，是一种欺诈活动。直销活动主要依照《直销管理条例》规范，传销活动依照《禁止传销条例》等有关法律、法规进行查处。

（二）招募人员方面

直销招募的对象是有条件限制的，不得招募在校学生、教师、医务人员、公务员等身份和未满18周岁的人员为直销员。传销招募的对象一般没有身份和年龄条件的限制。

（三）培训方面

1. 培训内容

直销培训的内容包括两个《条例》等法律法规及直销员道德规范、直销风险提示、直销业务知识，客观介绍企业的情况和报酬制度。传销培训多数打着"直销""电子商务""特许经营""加盟连锁"等名义，宣传快速发财致富，许诺能够获得高额回报，传授发展下线的方法。

2. 培训形式

直销培训是公开的活动，直销企业将事先在公司网站公布培训信息，培训不收取任何费用，不以购买商品为条件。传销培训一般是暗中、私下进行，诱骗参加人员缴纳入门费，或以购买商品为名，变相收取入门费。

3. 培训场所

直销培训有场所限制，如不得在政府机关、军事管理区、学校、医院及居民社区、私人住宅内举办。传销培训的场所很多选在民宅。

4. 授课人员

直销培训的授课人员不得从事直销销售，其培训员身份在商务主管部门备案并在直销企业网站公布，在培训时将佩戴所属直销企业颁发的《直销培训员证》。传销培训的授课人员一般都从事销售活动，是传销网络组织的一员，有的甚至可能是传销网络的上线、传销团队的头目，没有培训员身份证明。

（四）计酬方面

形式上，直销企业的报酬计算方式是公开的，可以通过该企业网站查询。传销组织的报酬计算方式是不公开的，是暗自运作的。报酬计算上，直销计酬是单层次，即直销员卖产品给终端消费者，以直销员个人销售业绩为计算报酬的依据，直销员个人销售商品越多，获取报酬越多，其他任何人的销售业绩都不与其报酬挂钩。传销计酬为多层次，以发展团队人员的数量或以团队人员的业绩，即以"个人发展人员数量 + 下线发展人员数量"或"个人销售业绩 + 下线销售业绩"为计算报酬的依据。

（五）商品销售方面

直销企业以直销员本人直接向消费者销售商品为获得报酬的前提。"团队计酬"传销虽然销售商品，但在报酬中含有其下线人员销售业绩的提成。"拉人头"传销和骗取"入门费"传销，不销售商品或者是打着销售商品的幌子，发展人员越多，获取的报酬越多。

（六）退换货方面

直销活动进行商品销售活动，有完备的退换货制度和办法。传销活动因大多无商品销售，不提供售货凭证，不办理退换货。

第二节　直销监管

一、直销监管总体情况

（一）直销监管法律制度

《直销管理条例》第六条规定，"国务院商务主管部门和市场监管部门依照职责分工，负责对直销企业和直销员及其直销活动实施监督管理"。为配合《条例》实施，商务部、公安部、原工商总局先后颁布4个部门规章、4个公告和一系列规范性文件，就直销员业务培训、直销企业保证金存缴使用、信息报备披露、直销产品范围、直销企业履行社会责任等作出明确规定。为指导全国各级工商和市场监管部门做好职责范围内工作，原工商总局于2007年印发《关于加强直销监督管理工作的意见》（工商直字〔2007〕263号），对直销企业变更登记、分级监管、重点环节监管、直销案件查处、工作机制建立等方面提出了具体要求。2011年印发《关于打击传销规范直销信息系统使用管理暂行规定》（工商直字〔2011〕214号），对打传规直信息系统作出相关规定。2018年印发《市场监管总局关于进一步加强直销监督管理工作的意见》（国市监竞争〔2018〕8号），针对直销市场新问题，提出加强直销企业经销商监管，直销企业经销商不能从事直销；加强对直销企业合作方、关联方监管；加强对各类直销会议监管等监管思路。此外，各级市场监管机关根据各地工作实际，针对监管、执法中重点难点问题，制定出台了直销培训报备、规范经销商经营等地方性规范文件，加强了对直销市场的有效监管。

（二）直销审批核查工作

《直销管理条例》第九条规定，"国务院商务主管部门应当自收到全部申请文件、资料之日起90日内，经征求国务院工商行政管理部门的意见，作出批准或者不予批准的决定"。2006年，商务部、原工商总局、公安部三部门建立了直销企业审批联合审查和协调沟通机制。根据商务部、公安部、原工商总局直销工作部际协调会任务分工，市场监管部门配合商务部开展直销审批工作，对申请直销经营许可、扩大直销区域审批、直销企业重大事项变更审批等工作，组织地方市场监管部门进行核查，为直销企业准入审批工作提供依据。

（三）直销市场日常监管

《直销管理条例》第三十五条规定，"工商行政管理部门负责对直销企业和直销员及其直销活动实施日常的监督管理"。2007年打击传销规范直销信息系统上线运行，建立了面向全国省、市、县三级的直销企业信息报备系统和全国直销监管平台，为各地市场监管部门开展直销市场动态监管、精准监管提供了基础。各地市场监管部门根据当地直销市场实际情况开展"双随机、一公开"检查，开展分级分类监管、信用监管和行政指导。以召开直销企业会议、重点走访、行政约谈告诫等方式对新批直销企业开展直销经营法规培训，指导其规范经营；对投诉举报、行政处罚较多的直销企业进行提醒告诫，指导其整改；同时，向企业宣传法规政策、传递监管动态信息和典型案例，引导直销企业敬畏法律、尊重法律，自觉守法经营。各级市场监管部门转变监管理念，固化监管经验，提升监管效能，逐步建立、完善了直销监管长效机制。一是建立了政府监管、企业自律、社会监督的直销管理机制。二是建立了政策引导、行政指导、教育督导的直销监督机制。三是建立直销经营行为的监控机制。

（四）严厉打击直销违法行为

2005 年《直销管理条例》施行后，根据直销违法案件查办中存在的问题，市场监管总局价监竞争局编印《直销违法案件查办指引及案例点评》，统一直销违法案件查处的法律适用和证据标准；集中查办全国范围内有重大影响或者违法性质严重的直销违法案件；以问题为导向，开展全国直销市场专项检查，净化直销市场环境。2008 年以来，先后开展直销市场合规经营重点环节执法检查，直销市场专项检查和直销企业履行社会责任督导，直销企业履行退换货责任检查，以直销名义和股权激励、资金盘、投资分红等形式实施传销违法行为专项行动等全国范围内的直销市场清理整顿。全国各级市场监管部门充分发挥职能作用，不断加大对各种直销违法行为的查处打击力度，2006—2020 年共查处直销违法案件 1107 件，案值 5.3 亿元，罚没 2.4 亿元，查处直销企业传销案件 31 件。同时强化事前保护，切实维护企业合法权益。

（五）加强直销市场风险预警

加强直销业风险监控。对"两多"直销企业（举报投诉多、案件多的直销企业），企业高管调整、团队流动、经营业绩迅速增长或波动较大的直销企业，被媒体曝光、社会关注度高的直销企业和新批直销企业，提高风险管控意识，加强动态监管，提前介入，指导企业加强内部制约，避免出现经营违规。妥善处置涉及直销企业的投诉举报和舆情、群体事件，压实直销企业主体责任，防范化解直销监管风险，建立突发事件应急、风险评估机制。综合运用行政管理、法律规范、道德约束、心理疏导、舆论引导等多种方式，维护行业和社会稳定，回应群众关切，提升直销监管社会效应。

二、直销行业的监督与规范

（一）市场准入（直销经营许可的申请）制度

设定适当的企业从业资质，保证市场主体具有一定的规模和信誉程度，有利于直销市场的有序发展，保护消费者和直销员的合法权益。

1. 申请资格

具有良好的商业信誉，实缴注册资本不低于人民币 8000 万元，在指定银行足额缴纳保证金，建立信息报备和披露制度。

2. 申请程序

申请人通过所在省级商务部门向商务部提出申请；商务部经征求市场监管部门意见后，作出批准或者不予批准的决定；对于批准的，商务部颁发直销经营许可证。

3. 分支机构及服务网点

必须在拟从事直销活动的省（自治区、直辖市）设立省级分支机构，并办理有关注册登记手续；在其拟从事直销活动的地区，建立符合当地县级以上人民政府要求的、能够进行产品价格展示和退换货等服务网点。

（二）直销员招募制度

直销员是直销企业从事直销活动不可缺少的环节，传销活动也将招募人员作为组织发展的基础，因此招募活动容易发生问题。

1. 招募主体

只有直销企业及其省级分支机构可以招募直销员，直销企业的其他分支机构、服务网点、店铺、直销员均不得招募直销员。直销企业之外的任何单位和个人不得招募直销员。

2. 直销员资质

未满18周岁的人员，无民事行为能力或者限制民事行为能力的人员，全日制在校学生，教师、医务人员、公务员和现役军人，直销企业的正式员工，境外人员，法律、行政法规规定不得从事兼职的人员等七类人员，不得招募为直销员。

3. 招募活动

不得以缴纳费用或者购买商品作为成为直销员的条件；直销企业应当与直销员签订推销合同，未签订推销合同的人员，不得从事直销活动；直销员可以依法提前解除推销合同；直销企业应当对拟招募的直销员进行业务培训和考试，考试合格后由直销企业颁发直销员证。

（三）直销培训制度

直销企业通过培训，帮助直销员掌握国家有关法律规定，了解企业情况和直销知识，商务部、市场监管总局、公安部联合制发了《直销员业务培训管理办法》。

1. 培训主体

直销企业可以组织直销培训，并可以委托其省级分支机构协助组织直销培训；其他任何单位和个人不得以任何名义组织直销培训。

2. 培训对象

直销企业对本企业拟招募的直销员和本企业的直销员。

3. 培训员资质

必须为直销企业的正式员工并在本企业工作1年以上；具有本科以上学历和相关的法律、市场营销专业知识；无因故意犯罪受刑事处罚的记录；无重大违法经营记录。应当经国务院商务主管部门备案。

4. 直销培训的内容

应以《直销管理条例》《禁止传销条例》等法律法规中的相关内容、直销员道德规范、直销风险揭示以及营销方面的知识为主。在培训时，不得对企业产品进行夸大、虚假宣传，不得强迫参加培训的人员购买产品，不得宣扬大多数参与者将获得成功。

5. 直销培训的场所

应在本企业设有服务网点的地区进行。直销培训不得在政府、军队、学校、医院的场所及居民社区、私人住宅内举办。

（四）直销员计酬

计算直销员报酬的方式是企业经营的核心内容，也是分辨直销和传销的关键。核心规定是：

1. 单层次。直销企业支付给直销员的报酬只能按照直销员本人直接向消费者销售产品的收入计算。

2. 比例限制。报酬总额不得超过直销员本人直接向消费者销售产品收入的 30%。

（五）退换货制度

由于直销是面对面进行销售，消费者可能出现不冷静购买等行为，作为救济措施，《直销管理条例》规定了比传统商业销售更有利于保护消费者权益的退换货制度。其特殊性在于：

1. 时限规定（冷静期）。在购买直销产品 30 日内、产品未开封的，消费者或直销员可以凭直销企业开具的发票或者售货凭证办理换货或退货。

2. 争议处置中举证责任。直销企业与直销员、直销企业及其直销员与消费者因换货或者退货发生纠纷的，由前者承担举证责任。

（六）信息报备与披露制度

该制度主要针对直销活动中存在的信息不对称问题。为增加消费者和直销员对企业的了解，便于政府的监督管理，商务部、原工商总局联合制发了《直销企业信息报备、披露管理办法》。

1. 信息披露。直销企业及省级分支机构、服务网点基本情况，直销员、直销培训员及直销产品情况，直销员计酬奖励制度、产品退换货办法等 9 方面信息。

2. 信息报备。保证金存缴情况、直销员直销经营收入及纳税情况、企业月销售业绩及纳税情况等 5 方面信息。

（七）保证金制度

直销企业应当缴纳至少 2000 万元人民币作为保证金。当直销企业出现如下情形时，行政主管部门将使用该款项，以保障直销员和消费者的合法权益：

一是直销企业无正当理由不向直销员支付报酬，或者不向直销员、消费者支付退货款；

二是直销企业发生停业、合并、解散、转让、破产等情况，无力向直销员支付报酬或者无力向直销员和消费者支付退货款；

三是因直销产品问题给消费者造成损失，依法应当进行赔偿，直销企业无正当理由拒绝赔偿或者无力赔偿。

三、直销违法案件的查处

根据《直销管理条例》，直销违法案件类型共 13 种，分别为未经批准从事直销活动、采取欺骗贿赂手段取得直销许可、直销企业申请事项内容发生重大变更未报批准、直销企业超出直销产品范围从事直销经营活动、直销企业及其直销员有欺骗误导等宣传和推销行为、直销企业及其分支机构违规招募直销员、未取得直销员证从事直销活动、违规开展直销员业务培训、直销员违规向消费者推销产品、违反价格规定推销产品、违反直销付酬退货规定、直销企业未依照有关规定进行信息报备和披露、直销企业违反保证金制度有关规定。在执法实践中，以下 5 种违法行为最为常见。

（一）未经批准从事直销活动

1. 法条规定

《直销管理条例》第九条、第十条、第三十九条。

2. 违法行为的表现形式

未取得直销经营许可的公民、法人和其他组织，擅自从事直销活动的；已取得直销经营许可、完成其服务网点核查备案的直销企业，擅自突破核准直销区域从事直销活动的；已取得直销经营许可的直销企业，但在未完成其服务网点的核查备案之前就擅自开展直销经营活动的；直销企业发展"经销商"，以所谓"经销商分销制"方式来突破核准直销区域开展直销活动的；直销企业招募大量没有经营执照的自然人，冠以"准经销商、优惠顾客、会员"名称，以"会员制"的方式来突破核准直销区域开展直销活动的；非直销企业或团队挂靠直销企业，打着直销企业招牌开展直销活动的。

3. 取证要点

要准确理解条例中对直销、直销员的定义；要深挖有价值的线索，熟悉实施现场检查的环节，研究被检查对象的活动规律；要重视案发现场检查中对有关书证、物证和证人证言等直接证据的收集和固定，从而清晰梳理涉案当事人的主体身份属性，还原该真实面目之下的行为特点。

在办理案件时，可登录市场监管总局打击传销规范直销信息系统、商务部直销行业管理信息系统、企业信息披露网站来进行直销企业信息比对。

与涉案现场有关的证据收集，包括：（1）当事人的身份证明材料、获得许可和登记注册情况；（2）在各种形式集会活动中组织者、参与者的各自身份证明材料，以及活动中涉及的材料、课件、协议、申请表、计酬制度、各类须知等；（3）现场陈列展示的产品种类和信息、产品申购单、交易清单、退换货记录、物流记录、产品仓储等；（4）涉案当事人的交款凭证、记录本、银行结算账户、资金进出情况、人员名单等；（5）现场办公用电脑和各类存储设备的信息收集。

与涉案人员有关的证据收集，包括：（1）对涉案人员的身份调查（含其家庭主要社会关系）；（2）对涉案活动中相关人员采集证人证言，梳理分析其行为的真实动机和目的。

与涉案当事人经营活动有关的电子证据进行收集、固定，包括：及时确定会员服务平台地址、具体操作地地址、服务存储器地址；对违法当事人计算机、手机中用于违法活动的存储数据、网络平台电子账户记录及商业信息进行物理提取。

对于有直销企业主导和参与的这类违法活动，由于涉案当事人在违法活动中通过改变名称刻意模糊身份，易使案件查办人员陷入认识误区。需证明的违法事实有：（1）直销企业的经销商、会员或挂靠方采用的销售方式是什么，是否以直销企业的名义在宣传和推销、其销售行为是否符合直销的基本推销形式要件；（2）经销商、会员或挂靠方销售产品的价格体系是否为直销企业制定的直销产品价格体系，其利润是否来源于传统模式下的赚取产品进销价格之间的差价或收取相应的服务报酬，还是按直销员管理模式进行管理、计酬。

故在证据调取环节重点关注：针对经销商与直销企业的推销合同、财务资料、购销发票、资金进出流水、网络平台电子账户等内部材料的取证调查，查证其是否在从事与身份不符的经营活动；经销商或挂靠方与直销企业，或会员与直销企业之间关于计酬的资金往来明细，证明直销行为存在和给付佣金的事实存在。需要说明的是，此类取证对执法人员的要求很高，因为直销企业搭建自身的网络平台、通过电子积分方式来实现计酬、发放，并借助第三方平台来实现兑现，但是越是深层和隐蔽的证据，其证明力往往也越高。

如果通过签订的合同、购销记录、培训活动等能够证明经销商、会员或挂靠方的违法行为系按照直销企业的规定或要求实施的，直销企业应当承担相应的法律责任。

（二）直销企业超出直销产品范围从事直销经营活动

1. 法条规定

《直销管理条例》第四十二条。

2. 违法行为的表现形式

以直销的方式销售本企业或其母公司、控股公司生产的超出备案审查公布的直销产品范围之外的产品；以直销的方式销售非本企业或其母公司、控股公司生产的产品。

3. 取证要点

调查直销企业推销非直销产品，取证关键在于查证其实施的推销行为是否符合直销的基本特征，即实施的是直销经营活动而非其他的传统推销活动；在直销经营活动中所涉及的具体推销人员身份除了直销企业的直销员，还包括经销商、会员、优惠顾客等，均有可能在直销企业的支持和指使下从事超范围产品的直销经营活动。有关行为特征的认定和参与人员身份主体属性的认定，可参考《直销管理条例》

第三十九条的相应取证要点。

要注意收集直销企业以直销方式销售非直销产品的订购平台内部设定、计酬结算系统的内部设定，提供给顾客的认购产品清单和消费须知，在直销企业、省级分支机构及服务网点现场产品的展示情况和宣传，来综合考量直销企业的主观故意程度。

需调取证明违法当事人超范围直销的违法所得、产品产销存记录和出入库记录、购销发票和协议，以及相关的产品宣传资料和产品检测报告。

（三）直销企业及其直销员有欺骗、误导等宣传和推销行为

1. 法条规定

《直销管理条例》第五条、第四十三条。

直销企业及其直销员在非直销活动中的欺骗、误导等宣传行为，应适用《反不正当竞争法》《广告法》等传统经营、一般商事主体适用的法律法规。

2. 违法行为的表现形式

在直销活动（包括但不限于研讨会、激励会、表彰会、产品推介会、业务沟通会、美容或者营养讲座等）中，宣扬、发布、推送含有虚构或夸大产品性能和功效、虚构产品专利和名优认证、虚假优惠折扣和有奖回报、产品升值回报、虚假成交记录和使用评价、虚假名人代言等信息的；直销员在推销直销产品过程中，向消费者提供虚假的服务网点信息，作不真实的退换货承诺，骗取消费者购买其产品或阻碍消费者合法维护自身权益的；其他在直销活动中提供不实信息和隐瞒对消费者有重大利害关系信息的。

3. 取证要点

主体资格认定方面，收集实施行为主体的营业执照及其他身份证明文件，对以直销企业名义组织直销活动或挂靠直销企业的，收集实际组织者的身份证据。

行为实施证据收集方面，收集演示用 PPT、产品说明手册、宣传材料等，并对现场活动情况制作音视频资料进行固定。

对参与人员的询问着重于了解接受哪些方面的宣传，与违法主体提供的证明材料进行比对，证明是否存在欺骗误导的情形。

注意采集实施违法行为者是否受到直销企业同意与授权的证据：（1）直销企业委托制作涉案广告、宣传材料的制作合同、付费凭证；（2）直销活动中直销企业委派的负责人员的身份证明材料；（3）直销企业与具体实施者的邮件等往来材料；（4）直销企业向具体实施者支付宣传费等费用的凭证或其他资金往来材料。

（四）直销企业及其分支机构违反《直销管理条例》规定招募直销员

1. 法条规定

《直销管理条例》第十四条、第十五条、第十六条、第十八条。

2. 违法行为的表现形式

直销企业及其分支机构发布宣传直销员销售报酬的广告的；直销企业以缴纳费用或购买商品作为成为直销员条件的；直销企业及其分支机构针对不得成为直销员的特定人群发布招募消息，并从中发展直销员的；直销企业未设置合理的拟招募人员身份审查程序，或直销企业及其分支机构在招募审查过程中未尽审慎义务，致不得成为直销员的人员入职的；直销企业未采用合理的直销员退出制度或在日常人员管理过程中未尽审慎义务，致合法直销员发生不宜从事直销活动的身份变动而未能及时采取措施的；直销企业未与直销员签订推销合同的；直销企业未对拟招募直销员进行培训、考试或考试不合格即发证的。

3.取证要点

应取得涉案人员的直销员证以确认其直销员身份，采用直销企业对外披露的直销员信息作为证据的应排除企业披露错误信息的可能。

对涉案人员身份的确认，应取得其就职单位的证明材料，或取得其在相关监管部门的认证或备案材料。

（五）未取得直销员证从事直销活动

1.法条规定

《直销管理条例》第十六条、第四十五条。

2.违法行为的表现形式

未取得直销员证推销直销企业直销产品的；未取得直销员证，采取直销方式推销直销企业非直销产品的；直销员未与直销企业签订推销合同就开展直销活动的；直销员离开分支机构所在区域开展直销活动的。

3.取证要点

在取证过程中，应主要收集三方面证据：（1）当事人不具备直销员证的证据，除当事人的询问笔录和无法提供直销员证的法律事实外，还可通过直销企业及其分支机构招募直销员进行培训时制作的培训计划书、教材、受培训人员名册和身份证复印件、直销员提请的申请书、考试资料、与直销员签订的合同、直销员证明细，通过与未取得直销资格而实施直销行为的公民身份进行对比来确认；（2）当事人销售相关产品的证据；（3）当事人与直销企业及其分支机构的关联证据，包括销售合同、资金和产品往来记录、报酬发放记录凭证等。

第三节　禁止传销

一、传销的表现形式

《禁止传销条例》对各级人民政府及市场监管、公安机关等相关职能部门、基层组织的职责作了明确规定。按照规定，市场监管部门主要负责在职责范围内查处传销行为、协调相关方面开展打击传销联合行动、开展禁止传销宣传教育及防范传销等。

从传销的表现形式看，可以分为聚集式传销和网络传销两大类。

聚集式传销早期表现为"人身禁锢＋实物包装"，俗称"北派传销"，是典型意义上的传销，有传有销。主要特点是低起点（入门费低），低水准（参与人员层次低），限制人身自由，人身控制暴力特征明显。聚集式传销后期表现为"精神控制＋资本运作"，俗称"南派传销"，基本脱离商品销售，只传不销，是现在聚集式传销的主要模式。主要特点是高起点（入门费高），高水准（参与人员复杂，不乏精英人群和教师、大学生等特殊群体），以精神控制为主，紧跟时代步伐，贴近国家政策，擅于偷换概念。各地市场监管部门在党委、政府领导下，会同有关部门，持续严厉打击聚集式传销违法犯罪活动，特别是近年来，总局强力推进聚集式传销重点城市整治工作取得了显著成效，聚集式传销活动日渐式微，总体存量大幅下降，全国总体形势明显向好。

网络传销是传销组织者利用互联网为载体进行的一类传销行为，其本质上与传统传销是一致的。但是网络传销摆脱了地域限制，不需要像聚集式传销那样通过熟人邀约、异地运作，下线与上线不需要面对面交流，甚至可以完全不认识，因而更加具有传播范围广、发展速度快，隐蔽性强、欺骗性大的特点。与聚集式传销的点状收缩相比，网络传销现在发展势头甚猛，且仍在不断演化变异。网络传销涉众面巨大，有的甚至具有邪教特征，对国家政治安全和社会稳定带来严重危害。当前网络传销违法犯罪活动呈现出以下特点：

（一）组织策划更加隐蔽

随着互联网技术更新迭代，网络传销组织通过微信、移动 App、网络直播等方式进行组织宣传活动，采用扁平化层级、拼团销售的形式发展会员，以移动 App、公众号、小程序等为载体，定期更换会员登录网址，网站服务器境外异地托管，借助网络支付工具骗取和归集资金，会员奖金采用境外虚拟货币交易形式发放，违法行为更加隐蔽，调查难度加大。涉传平台存续周期也普遍缩短，出现得快、发展得快、消失得快，逃避监管和打击。

（二）多类违法行为交织复合

各种网络传销模式名目繁多，呈现层级扁平化、加入条件低门槛化、线上线下同步化等特点，借各种名目、多样化营销尽可能延伸传销触角，扩大传销组织的影响力和社会认知度，骗取更多人员加入，实现非法利益牟取最大化。涉传平台整合多种网络传销的表现形式，表现形式不再唯一，存在无证无照、虚假宣传、合同违法等违法行为，甚至是非法集资、金融诈骗、侵犯他人人身自由等犯罪行为。多种违法犯罪行为相互交织竞合，给研判处置增加了难度。

（三）社会风险逐步蔓延扩大

网络传销延伸扩展到各个领域，通过炒作新概念迷惑参与者，并淡化明显的层级关系和复式计酬，借助区块链、电子商务、慈善互助等噱头，渗透到金融、购物、教育、医疗、旅游、游戏等各个领域，参与人员多、涉及面广，可能造成较大社会危害。网络传销参与人员线上串联、线下聚集，具有长期化的特点，潜在风险较大。尤其是传销组织为了逃避打击，组织者、骨干在境外操控，易引发涉外事件。

二、禁止传销工作机制

建立完善工作机制是禁止传销工作扎实深入推进的重要保证，是构建禁止传销良好工作格局、增强工作合力的重要途径，是提高打击效能、长效治理传销问题的重要手段。禁止传销的工作机制主要包括领导机制、协作机制、社会治理机制。

（一）领导机制

《禁止传销条例》第三条从法律层面明确了县级以上地方人民政府对查处传销工作的领导责任，并具体明确要在禁止传销工作中"支持、督促各有关部门依法履行监督管理职责""建立查处传销工作的协调机制，对查出传销工作中的重大问题及时予以协调解决"。传销问题是诸多因素共同作用之下形成的社会治理难题，禁止传销工作是一项系统性工程，仅靠市场监管部门和公安机关一两个部门单打独斗不可能从根本上解决问题，必须增强打击传销地方政府负总责的意识，建立健全"党政主导、政法牵头、部门协同、公众参与、综合治理"的禁止传销领导机制。领导机制的核心内容是党政领导负责制，一般情况下是政府分管领导负责，牵头组织开展工作。传销形势严峻复杂的地方应当相应提升领导机制规格，由党委领导或政法委主要领导担任禁止传销工作一把手，从整体把握辖区内传销态势和禁止传销工作，进行工作部署，提出具体要求。禁止传销工作要列入政府重要工作议事日程，对禁止传销工作提供充足财政经费预算保障。

（二）协作机制

1.行政执法与刑事司法协作机制

禁止传销工作的行政执法与刑事司法协作机制是该项工作的重要机制。一般认为，作为刑事司法对象的犯罪行为，较作为行政执法对象的违法行为更具有严重的危害性，因此只有当某种行为对社会的危害严重到一定程度的情况下，才需采取刑事司法手段进行惩处。《最高人民检察院、公安部关于公安机关管辖的刑事案件立案追诉标准的规定（二）》规定，对组织、领导传销活动罪，涉嫌组织、领导的传销活动人员在30人以上且层级在3级以上的要立案追溯。但是，由于传销活动的特殊性，客观上造成行政执法并不能完全担负起禁止传销的重任，行政执法在查办传销案件上的局限性十分明显，存在发现难、取证难、调查难、处罚难等问题。因此，禁止传销工作中的行政执法与刑事司法协作，不应局限于传统的"达标—移送"模式，而应积极地争取刑事司法机关从更多的方面、以更大的力度直接介入禁止传销工作。

为加强与公安机关之间的协作配合，依法有效打击传销活动，2007年9月，原工商总局、公安部联合下发了《工商行政管理机关和公安机关打击传销执法协作规定》，根据该协作规定，并结合实践经验，市场监管部门与公安机关应在职责分工、线索移送、现场处置、强制措施、案件移送、情况通报等方面开展执法协作，共同做好禁止传销工作。

2.行政部门间协作机制

（1）与社会治安综合治理领导机构的协作。针对异地聚集式传销以出租屋为主要活动场所、以外来人员为主要参与者的特点，必须将禁止传销执法工作重心放在基层，充分发动基层治安力量进行防控。市场监管部门需要与社会治安综合治理机构密切协作，充分发挥打击传销综合治理考核机制的督导引领作用，切实管住出租屋和流动人口，实现对传销活动的"综合治理"。

（2）与教育部门的协作。重点做好对大中专院校和职业技术学校学生的宣传教育和防范工作。市场监管部门主要负责提供宣传资料，教育部门主要负责指导督促学校开展宣传活动。

（3）与通信管理部门、网信管理部门的协作。协作的重点，一是防范传销宣传，主要形式是借助公益短信等宣传载体进行点对点宣传；二是为市场监管部门查处网络传销案件提供协作支持，对涉传网站依法采取关闭封堵措施等。

（4）与银行管理部门的协作。根据《商业银行法》第二十九条、第三十条和《禁止传销条例》第十四条的规定，市场监管部门可以查询涉嫌传销的组织者或经营者的账户。执法实践中存在商业金融机构拒绝协助查询单位账户的情况，对此，市场监管部门可告知银行管理部门，由银行管理部门责令商业金融机构依法协助查询。

（三）社会治理机制

1. 禁止传销社会治安综合治理

2007年以来，禁止传销纳入社会治安综合治理考核范畴，这对于积极推动地方党委、政府高度重视禁止传销工作，整合部门职能优势，动员社会力量，形成打击合力具有十分重要的意义。禁止传销社会治安综合治理实行打防结合、打防并举、标本兼治、重在治本、预防为主、专群结合、依靠群众的工作方针，工作范围主要包括"打击、防范、教育、管理、建设、改造"六个方面。禁止传销综合治理考核评价工作由市场监管部门具体负责，考评对象是各级地方政府，主要检查各级政府的禁止传销工作责任、工作措施，加强对流动人口和出租房屋的管理，对网络传销的监测预警和打击查处，广泛开展禁止传销宣传教育活动等的落实情况。

2. 无传销创建活动

（1）创建"无传销社区（村）"活动。2007 年，原工商总局在全国推广开展"无传销社区（村）"创建工作，工作核心是加强出租屋管理，明确并落实基层组织对禁止传销工作的责任，将禁止传销工作的最前沿定位为"社区（村）"，明确街道党工委、居（村）委会的责任，以及基层开展禁止传销应建立健全的工作机制，从而发挥基层政府的牵头组织作用，在基层形成综合治理的工作格局。十几年创建实践经验表明，这是打击整治聚集式传销行之有效的方法。

（2）创建"无传销网络平台"活动。2017 年下半年，原工商总局提出开展创建"无传销网络平台"工作，作为应对网络传销泛滥蔓延的一项重要举措。通过对网络传销传播的重要载体——互联网平台实施积极引导和监管，努力实现压实互联网平台企业责任，减少网络传销信息源，切断网络传销传播扩散渠道，深度净化网络空间，营造风清气正网络环境的目标。对互联网平台出现的问题要及时约谈整改，经提醒拒不整改或整改不力的，要会同有关部门依法严肃处理。同时，要加强与互联网平台方的合作，引导平台企业履行社会责任，积极配合执法机关查处网络传销违法行为，全面铺开网络反传销宣传工作，助力执法机关网上网下打击传销工作。

3. 防止传销进校园活动

2007 年，教育部、公安部、原工商总局印发《关于开展防止传销进校园工作的通知》（教思政〔2007〕14 号），行政执法机关与教育部门建立起防止传销进校园的工作联系机制。防止传销进校园主要围绕"宣传教育"和"严厉打击"两个主题。一是积极开展主题宣传教育活动，提高学生防范传销的意识和能力。二是集中力量查处重点案件，严厉打击诱骗学生参加传销的行为。

三、禁止传销的监管执法

（一）聚集式传销的日常监管与防范

1. 网格化巡查与执法快速反应

要将防范和打击传销工作纳入基层市场监管所网格化市场巡查职责范围，将社区、村组纳入网格责任区，由网格巡查员负责网格区内传销活动的日常巡查、信息采集和报告。对传销人员聚集较多的小区民宅、出租屋、空置房等场所要进行重点巡查，加大巡查频次，及时发现可疑活动，掌握可疑线索，摸清基本情况，为执法整治和案件查处提供情报信息。建立完善打击传销执法快速反应机制，将网格化巡查发现、群众举报、受害人求助、媒体披露、领导批示、上级交办等渠道获得的传销活动线索作为执法快速反应事项，及时调派执法人员、商请公安机关配合、协调基层组织参与，将传销活动消灭在萌芽状态。

2. 日常分析研判

要注重加强辖区内传销活动的信息检测，积极通过群众申诉举报、执法监管、日常防控、部门协作等途径，收集、梳理传销活动信息情报，对传销活动态势定期进行综合分析，研判传销发展趋势和特点，区分情况采取相应对策，有针对性发布警示提示、开展宣传教育、组织执法整治、联合公安机关查办案件。

（二）网络传销的监测与查处

对网络传销的监测发现和定性处置是打击网络传销工作的重点

和难点。2018年，市场监管总局在分析研究网络传销发展演变规律、特点、要素的基础上，结合全系统多年来开展监测查处网络传销实践经验，总结提炼出"线上监测、线下实证、多措处置、稳妥善后"打击整治网络传销"四步工作法"，作为当前和今后一段时期内打击整治网络传销工作的重要行动指引。

线上监测，是指运用互联网技术监测发现网络传销案源线索。市场监管总局网络传销监测点单位不断丰富数据归集渠道，完善监测模型，完善风险指数，监测发现网络涉传行为及信息，准确研判；各级市场监管部门要不断完善传销监测预警平台，借助互联网公司技术优势，增强网络传销监测发现能力。

线下实证，是指案源线索及监测成果的查证和运用。各级市场监管部门接到市场监管总局网络传销监测点单位转办、外省市移送的案源线索后，要建立台账，迅速开展线下实证工作，并及时向市场监管总局汇报实证结果。线下实证的主要方法有：一是与公安、金融等部门进行信息比对；二是与银监部门合作，查询对公账户及参与人员账户，分析资金交易流水；三是与12315投诉举报信息、政府公开信息、市场监管部门日常监管档案信息等进行比对实证；四是收集分公司、关联公司注册登记情况；五是进行实地检查，实施现场查证等。

多措处置，是指根据线下实证结果，区分情形分类进行处置。一是对有苗头尚未实施传销行为或违法情节和社会危害程度较轻的，要灵活运用提醒、约谈、告诫、行政查处、发布风险预警提示等多种干预措施，配合运用限制企业登记注册、异常经营名录和"黑名单"、广告监管等措施手段，努力消灭传销苗头隐患，避免坐大成势。二是对违法情节和社会危害程度较大，但未达到刑事追诉标准的，要加强行政查处。三是对违法情节和社会危害程度严重，达到刑事追诉标准或涉嫌刑事犯罪的，要及时果断移送公安机关，协同打击。

稳妥善后，是指在查处传销案件过程中，特别是对公安机关采取刑事措施打击的重大传销犯罪案件，各级市场监管部门要积极配合公安机关做好教育遣返、维稳等后续处置工作。要加强舆情信息收集，密切关注涉稳动态，突出属地维稳责任，在党委政府领导下会同相关部门开展善后工作，严防出现大规模群体性事件。

运用"四步工作法"的目的是，通过早发现、早预警、早处置，消灭传销存量，堵住传销增量。同时，避免因网络传销蔓延引发大规模群体性事件，对国家政治安全和社会稳定造成冲击和影响。

四、传销案件的查办

查办传销案件，惩治传销组织者、领导者，摧毁传销组织网络是禁止传销工作的重要手段。加大禁止传销工作力度，从源头上遏制传销活动，提高执法效果，需要加强对传销案件的查办，把握案件查办要求、技巧和方法。

（一）一般传销案件查办

传销案件的查办必须严格依据《中华人民共和国行政处罚法》（以下简称《行政处罚法》）、《中华人民共和国行政强制法》《禁止传销条例》《市场监督管理行政处罚程序暂行规定》等法律法规及行政规章的规定，这些规定是所有传销案件查办必须遵循的共性规范。

1.传销行为的构成要件

（1）主体要件。传销行为的主体是具有行政责任能力，并实施传销行为的行政相对人。公民、法人和其他组织都可以成为传销行为的主体，包括自然人、个体工商户、公司、企业、社会团体等。在《禁止传销条例》关于传销的定义中，"组织者"和"经营者"被明确为传销主体，"组织者"强调的是组织、策划、介绍、诱骗、胁迫让人加入传销的法人、其他组织和个人，"经营者"强调的是从事商品经营或者营利性服务的公司、企业、个体工商户、其他经济组织。

（2）客体要件。传销行为侵犯的客体是《禁止传销条例》所调整和保护的社会关系。传销行为侵害的客体是国家禁止传销的制度、市场经济秩序及社会稳定，具有行政违法性，应当受到行政责任追究。传销行为情节严重的还会构成犯罪，受到刑事责任追究。

（3）主观要件。从传销行为的特征分析，传销行为的主体在主观状态上对传销行为本身及违法结果的认知是明知，并且希望追求行为违法结果的发生，因此传销行为主观方面要件是故意。

（4）客观要件。传销客观要件是指构成传销行为必须具备的诸多客观事实特征，包括违法行为、危害结果、方法手段等，而违法行为则是客观方面的核心。根据《禁止传销条例》对传销行为的界定，传销行为的构成主要是组织要件和计酬要件两个方面。传销行为的危害结果主要是扰乱经济秩序，影响社会稳定。

2. 查处措施

《禁止传销条例》规定了传销行为的查处措施，这些查处措施是查明案件事实、制止违法行为、防止证据损毁、避免危害发生、控制危害扩大所必需的有效手段。根据《禁止传销条例》第十四条的规定，县级以上市场监管部门对传销行为进行查处时可以采取七个方面的八项措施。包括：

（1）责令停止相关活动。

（2）调查、了解有关情况。

（3）实施现场检查。

（4）查阅、复制涉嫌传销的资料。

（5）查封、扣押涉嫌传销的资料、财物、经营场所。

（6）查询账户及与存款有关资料。

（7）申请司法机关冻结涉嫌传销的违法资金。

3. 责任主体的认定

《禁止传销条例》第二十四条针对传销活动中的不同人员设定了三个层次的法律责任，三种不同主体分别为组织策划传销者，介绍、诱骗、胁迫他人参加传销者，一般参加者。在认定传销行为后，需要根据传销参加者在传销活动中的地位、作用、证据指向认定传销的责任主体。一般情况下，证据指向处于金钱链或人际网络顶端的即为组织策划者；对于传销组织中负责财务、行政、运营等管理的高级管理人员，可以认定为组织者。在传销组织中起着发展人员扩大传销网络等重要作用的人员以及专门从事讲课、培训的，可以认定为介绍、诱骗、胁迫者。

4. 涉嫌犯罪传销案件移送

传销行为构成犯罪的，应当依法移送司法机关追究刑事责任。对达到《刑法》及《最高人民检察院、公安部关于公安机关管辖的刑事案件立案追诉标准的规定（二）》的追诉标准的涉嫌犯罪行为，应当及时移送公安机关。

5. 传销案件维稳处置

传销案件作出处罚决定后，有的传销组织者、领导者或者骨干头目会组织或者煽动传销人员聚众抗议，或者围堵、冲击政府机关，可能引发社会不稳定事件。办案机关应及时进行处置，做好维稳工作。按照地方政府的决定、指示做好辖区从事传销活动的公司、企业的债权、债务的清算，资产清收、保全和实物资产的变现等工作。关于传销违法资金的清退问题，一般认为根据《禁止传销条例》规定，参加传销就是违法行为，违法资金不应当予以清退。

（二）网络传销案件查办

查办网络传销案件时，可以遵循以下查办技巧：

1. 甄别案源

接到案源后，先从涉嫌传销组织的运行模式入手，查看是否构成传销，然后从网上信息、网站数据切入，初步查看该组织的人员规模、资金流量等信息，通过综合判断，决定是否立案调查。

2. 打入内部

立案后，采用打入传销组织内部或者接触知情人等方式，准确获得传销组织的经营模式、网站地址、最新动向。通过会员打款和收款的账号找到该传销组织的资金通道。

3. 追踪网站或者 App 的 IP 地址

通过技术手段找到网站的真实 IP 地址，从而找到网站后台服务器数据存放位置。

4. 依法提取、使用后台数据

通过技术手段进行恢复，达到可视可用的状态。

5. 追查资金流，锁定资金池

组织人力物力对传销活动的交易记录和资金流向进行查询分析，查清楚传销组织的传销资金如何向上流通、传销收益如何层层发放和资金池的资金沉淀状况。

6. 进行重点人员的布控

联合公安部门对重点人员采取有效措施，对网站、资金的实际操控人进行甄别和布控，为最后的收网行动做好准备。

7. 确定有利时机予以收网

抓住重点人员、资金、证据"三集中"的有利时机，果断实施收网抓捕行动，确保不流失大额资金、不灭失重要证据、不遗漏重点人员。

第五章

网络交易监管

第一节　概　述

一、我国网络交易发展情况

互联网于 1969 年诞生于美国，50 多年来深刻影响着世界经济、政治、文化和社会的发展，促进了社会生产生活和信息传播的变革。1994 年 4 月 20 日，北京中关村地区教育与科研示范网接入国际互联网的 64K 专线开通，实现了与国际互联网的全功能连接，标志着中国正式接入国际互联网。虽然我国的互联网应用起步较晚，但发展速度惊人，很快就进入了快速发展与普及的快车道，取得了令全球瞩目的成绩。据 2020 年 9 月 29 日中国互联网络信息中心（CNNIC）发布的《第 46 次中国互联网络发展状况统计报告》显示，截至 2020 年 6 月底，中国网民规模达到 9.40 亿，互联网普及率攀升至 67.0%。截至 2020 年 3 月底，手机网民规模为 8.97 亿；IPv4 地址数量为 3.88 亿，拥有 IPv6 地址 50877 块 /32；域名总数为 5094 万个，其中 .CN 域名总数 2243 万个，网站总数为 497 万个。

（一）网络交易的涵义与发展历程

电子商务最初产生于 20 世纪 60 年代。自 20 世纪 90 年代以来，电子商务作为一种全新的商业机制蓬勃发展起来，正在成为全球经济的重要组成部分。电子商务可以降低生产成本、管理成本和交易成本，拓展国内外市场，提高企业的经营效率，因此被普遍认为是 21 世纪全球经济的最大增长点之一。随着时代的发展，电子商务的内涵和外延也在不断更新和扩展。到目前为止，对于电子商务，还没有一个全面的、具有权威性、能为大多数人所接受的准确定义。一般来说，可以从广义和狭义两个层次来理解电子商务：广义上的电子商务

（即 Electronic Business）是指各行各业，包括政府机构和企业、事业单位各种业务的电子化、网络化，可称之为电子业务。狭义的电子商务（即 Electronic Commerce）是指人们利用电子化手段进行以商品交换为中心的各种商务活动，也可以称之为电子交易，如生产厂家、商业企业与消费者个人之间利用计算机网络进行的商务活动。本书讨论的网络交易即是指狭义的电子商务。《电子商务法》第二条规定，本法所称电子商务，是指通过互联网等信息网络销售商品或者提供服务的经营活动。

我国的网络交易发展与国外基本保持同步，可分为四个时期：1997—1999 年是起步期，互联网概念的引入造就了第一批电子商务经济的创业者，期间美商网、中国化工网、8848、阿里巴巴、易趣网、当当网等知名网络交易网站先后涌现；2000—2002 年是调整期，互联网泡沫破灭使得网络经济发展受到严重影响，这三年创建的网络交易网站数量不多；2003—2005 年是复苏期，2003 年"非典"爆发使消费者认识到了足不出户的网络购物带来的便利，对中国网络经济来说是一个机遇，2003 年也成为不少网络交易网站尤其是 B2B 网站的"营收平衡年"，该阶段成立了大量的网络交易网站；2006 年至今是高速发展期，中国网民的规模越来越大，使用网络购物的网民比率也越来越高，即使在爆发全球金融危机导致实体经济萎靡的 2008 年，网络经济仍呈现高速增长的趋势。

近年来，网络市场与实体市场深度融合，形成一批新市场业态，呈现出规模品质加速提升、结构效益更加优化、模式业态持续创新等新特点，对促进实体经济和区域协调发展起到了重要的推动作用。2020 年，全国电子商务交易额达 37.21 万亿元，其中网上零售额 11.76 万亿元，同比增长 14.8%；实物商品网上零售额 9.76 万亿元，占社会消费品零售总额的比重上升到 20.7%。新模式新业态不断涌现，人工智能、大数据、小程序等技术广泛应用，直播电商、社交平台、跨境电商海外仓等模式深化创新，顺应了时下多元化、个性化、重视体验的消费需求。

网络市场形成了新的市场主体、新的市场客体、新的市场载体和新的市场交易规则，在全球范围内重新定义了经济博弈规则。在政府和市场的共同推动下，中国经济主动适应数字化变革，抢抓产业数字化、数字产业化机遇，网络经济发展成果丰硕，在国际和国内两个市场发挥了重要引领作用。促进网络交易市场健康有序发展，对于促进我国产业结构的调整和经济发展方式的转变、增强我国在全球新市场的国际竞争力、争取未来发展主动权和话语权具有十分重要的战略意义。

（二）网络交易发展过程中面临的问题

互联网和网络交易在中国得到突飞猛进的发展，深刻地影响着企业的生产经营方式和人们的日常生活，改变着社会的经济、政治和文化。但是，互联网和网络交易的虚拟性、跨区域性和隐蔽性特点，也导致网络中存在一些违法行为，影响了网络交易的健康发展。

一是平台管理责任落实不到位。一些平台企业没有严格落实如实披露服务协议、交易规则、促销规则、信用评价制度以及所提供商品、服务相关信息等责任义务，特别是在核查入驻经营者资质、保证产品质量、保障食品安全等方面。平台管理责任落实不力，导致产品质量、食品安全问题时有发生，甚至威胁消费者人身财产安全。在问题发生后，有些平台还把风险和责任转嫁给交易行为双方，消费者正当诉求难以得到妥善解决，商品或服务提供者正当权益得不到有效保障。

二是网络销售假冒伪劣商品问题依然存在。一些不法分子利用网络隐蔽性强、取证难、查处难度大等特点，不断变换手法销售假冒伪劣商品，严重危害了网络市场交易秩序、侵害了消费者合法权益。

三是不正当竞争问题比较突出。由于网络市场覆盖面大、受众群体广，经营主体容易伪装和逃匿等特点，网络市场呈现出交易双方信息不对称、地位不平等的状态。侵权方很容易利用网络的虚拟性和信息的不易追查性等"便利"条件，逃脱责任和政府监管，从事诸如误导消费和虚假销售、虚假宣传、信誉诋毁、刷单炒信、虚假评价等不正当竞争违法活动。

四是垄断风险不断增加。平台经济具有集聚效应、规模经济等特点，市场竞争已形成几家独大的格局，平台企业在制定平台规则、设定算法和掌握数据等方面具有优势地位。近年来，部分头部平台企业利用强大的资本、技术支持，出现"掐尖式并购"收割竞争者、强迫用户站队"二选一"、屏蔽封杀竞争对手、"大数据杀熟"等问题，损害了中小企业和消费者利益。

五是网络市场诚信体系不完善。目前我国社会诚信环境尚不完善，网络信用体系不健全，目前还没有一套统一的标准来有效监督、衡量网络市场的诚信问题和失信惩戒问题。市场主体良莠不齐，部分经营者的诚信观念匮乏，违法者和侵权者也往往得不到应有的惩戒，在一定程度上影响了人们对网络商品交易的信心。

六是网络消费维权困难。网络商品交易非现场消费的特点决定了交易并不是传统意义上的"货款两清"，容易出现以次充好、货不对版、欺诈消费等问题，产生纠纷的可能性更大。网络商品交易具有虚拟性、开放性和跨地域性的特征，为网络消费者维护自身合法权益带来了不小的困难。

此外，目前我国网络市场还存在着网络传销、虚假违法网络广告、个人信息泄露、销售违禁品等一系列问题，网络经济的快速发展与传统经济和社会环境下的规则体系不相适应的矛盾也日渐凸显，在一定程度上影响了我国网络商品交易市场的健康有序发展。

二、网络交易监管历史沿革

各地市场监管部门早在 21 世纪初就介入网络交易监管工作的探索与实践，其中原北京市工商局是最早开展网络交易管理探索实践的单位。早在 2000 年，该局就在全国率先连续发布《网上经营行为登记备案的通告》《关于对网络广告经营资格进行规范的通告》《在网络经济活动中保护消费者合法权益的通告》等规范性文件，并成立专门从事网络交易管理的特殊交易监督管理处，通过实验性开展经营性网站备案、网站名称登记、公示网络经营主体身份信息等工作，主动规范网络市场秩序。2005 年，原工商总局在全国范围内部署开展网络不正当竞争行为专项执法活动。随后的几年，各级市场监管部门根据《反不正当竞争法》《广告法》《消费者权益保护法》等法律在网络中自然延伸的原则，积极开展网络交易管理的探索实践和理论研究，取得了诸多成绩。

为促进网络交易及有关服务健康有序发展，切实维护网络消费者和经营者的合法权益，2008 年 7 月，国务院批准印发了《国家工商行政管理总局主要职责内设机构和人员编制规定》，将监督管理网络商品交易及有关服务行为的职能正式赋予原工商总局。市场规范管理司具体承担监督管理网络商品交易及有关服务行为的工作。

2010 年 5 月，原工商总局正式颁布《网络商品交易及有关服务行为管理暂行办法》，自 2010 年 7 月 1 日起施行。这是我国第一部促进和规范网络商品交易及有关服务行为的行政规章。它的公布施行，为促进网络经济发展、规范网络商品交易市场秩序、保护消费者和经营者的合法权益提供了有力的法律支撑和保障，标志着网络商品交易及有关服务行为初步纳入了法制化的轨道。原工商总局"网络商品交易监督管理"职能的确定和《网络商品交易及有关服务行为管理暂行办法》实施使网络交易监管工作翻开了崭新的一页。

2014年3月，新修改的《消费者权益保护法》《网络交易管理办法》《工商行政管理部门处理消费者投诉办法》实施生效。它们对网络交易监管工作作出了更为严谨、系统的规定，也对网络消费者权益作出更为严格的保护，并进一步明确了网络行政执法、网络消费投诉的管辖权。为完善《网络交易管理办法》相关配套文件，原工商总局出台《工商总局关于贯彻〈网络交易管理办法〉的指导意见》《可信交易环境建设标准规范指引》《网络交易平台经营者履行社会责任指引》《网络交易平台合同格式条款规范指引》等规范性文件，在优化电子商务经营环境、引导网络交易平台经营者履行社会责任、保护消费者和经营者合法权益的同时，进一步丰富和完善了网络市场经营行为的规制体系。同年8月，经中编办批复同意，原工商总局市场规范管理司加挂"网络商品交易监管司"牌子。

2016年12月，国务院办公厅印发《国务院办公厅关于同意建立网络市场监管部际联席会议制度的函》，同意建立由原工商总局牵头的网络市场监管部际联席会议制度，实现网络市场监管工作机制的新突破，进一步强化网络市场监管工作合力。联席会议由10家单位组成，主要职能为研究提出市场监管工作思路以及促进网络市场健康有序发展的政策建议；加强网络市场监管的法制建设；加强对网络市场监管的协同、指导和监督；协调解决网络市场监管中的重大问题等。2018年机构改革后，网络市场监管部际联席会议成员单位调整到14家，分别为市场监管总局、中央宣传部、工业和信息化部、公安部、商务部、文化和旅游部、人民银行、海关总署、税务总局、网信办、林草局、邮政局、药监局、知识产权局。

2018年8月，《电子商务法》经十三届全国人大常委会第五次会议审议通过，并于2019年1月1日起正式实施。《电子商务法》遵循规范经营与促进发展并重的思路，结合电子商务的特点和实践中反映的突出问题，聚焦规范电子商务经营者特别是平台经营者，对其义务与责任作出规定，以保证交易安全，保护消费者权益，维护公平竞争的市场秩序，为加强电子商务领域市场监管提供了重要遵循。

机构改革后，根据市场监管总局"三定"方案规定，成立网络交易监督管理司，主要职责包括拟订实施网络商品交易及有关服务监督管理的制度措施；组织指导协调网络市场行政执法工作；组织指导网络交易平台和网络经营主体规范管理工作；组织实施网络市场监测工作。由此，市场监管部门网络交易监管工作步入新的阶段。

三、当前我国网络交易领域的管理体制

（一）网络交易领域各监管部门及职责

当前，我国网络交易领域的监管职责分布在政府诸多部门，主要涉及网络经济活动有关管理职责的政府部门包括：工业和信息化部门，负责监管电信网络信息服务监管，对违法网络交易网站可以采取停止接入服务等处置措施，同时组织指导重点行业信息系统、基础信息网络安全保障等工作；商务部门，负责推动包括电子商务在内的各种现代流通方式的发展；公安部门，负责查处各种破坏网络空间安全和扰乱网络社会秩序的违法犯罪行为；财政部门，负责跨境电商零售进口商品清单等涉及关税减免事项的管理；海关部门，负责跨境电商入境查验等监管工作；人民银行，负责网络在线支付有关的结算规则制定以及支付行为的规范监管等；税务部门，负责网络商品交易中的税收

征管与纳税服务等。

网信部门在网络监管领域具有一定特殊性，在日常负责互联网新闻、文化等内容方面管理的同时，还负责依法查处违法违规网站，督促电信运营企业等做好互联网基础管理，统筹协调互联网领域重大违法违规行为综合处置等工作。因此，网信部门对网络经济领域的违法违规行为，在职责范围内或参与、或协调、或配合。特别是在网络社交、直播平台逐渐电商化的当下，内容监管与交易监管的界限日益模糊，网信部门对于新业态的文化内容监管必然绕不开对网络经营行为的监管。在这些领域，网信部门对于推动实现更高效的协同监管发挥着重要作用。

上述各部门在网络交易领域的职责表述有相对清晰的边界，严格意义上讲并不存在交叉重叠。但具体到监管实践中也会出现模糊性，需要详细分析有关事项中参与主体的真实法律关系、最佳管理切入点等，基于个案厘清分野，或者明确主次分工。另外，对于在线教育、在线医疗等通过网络提供服务的交易活动中，以行业主管部门为主，市场监管部门等为辅，且市场监管部门主要依据主体登记、竞争执法和消费者权益保护等方面的职责开展履职。

（二）市场监管部门网监职责及主要工作

各级市场监管部门是网络交易活动的主要监管执法部门，负责对网络交易主体和交易行为进行规范管理，依法查处违法行为、开展网络交易监测等工作，按照鼓励创新、包容审慎、严守底线、线上线下一体化的基本原则，积极促进网络商品交易及有关服务健康有序发展，切实维护网络消费者和经营者的合法权益。

目前，网络交易监管已经建立了各条线分工协作、齐抓共管的立体工作格局。从内部业务分工看，执法稽查、反垄断、价监竞争、广告监管等业务条线均承担与网络交易监管有关的部分职责。其中，执法稽查条线主要负责综合执法队伍建设，对网上违法行为进行综合执法，包括消费者权益保护、质量安全、食品安全、知识产权、计量等各类案件查处以及有关的执法督查与协调；反垄断条线负责网络平台垄断协议、滥用市场支配地位、经营者集中的调查审查工作；价监竞争条线负责网上价格违法和各类不正当竞争行为的监管以及打击网络传销工作；广告监管条线负责对网络交易中的广告行为进行监管，依法查处虚假违法广告等；特种设备安全监察条线负责对涉及网络的特种设备的生产、经营、使用、检验检测和进出口进行监督检查，并查处相关重大违法行为。

网监条线负责综合监管，主要负责网络交易监管的基础性制度建设、网络经营主体规范、网络交易信用建设、网络交易活动监测以及网络交易执法等工作。网监工作一方面要做好常态化规范管理，牵头抓总、组织协调；另一方面要强化执法办案，特别是查办直接违反《电子商务法》《网络交易监督管理办法》等网监专门法律、法规和规章的行为。

第二节　网络交易监督管理办法

一、制定背景和必要性

（一）前期制度与实施情况

2010 年 5 月 31 日，原工商总局令第 49 号公布《网络商品交易及有关服务行为管理暂行办法》，自当年 7 月 1 日起施行。这是网络交易监管的首部规章，本着规范行业促进发展的初衷，整体设置了较为宽松的管理规则，顺应了网络交易活动早期特点，促进了网络交易活动的蓬勃发展。

随着网络业态发展出现新问题新情况，以及监管活动进一步深入，《网络商品交易及有关服务行为管理暂行办法》部分规定逐渐无法适应实际需要，在执行中存在一些模糊地带，或者面对新情况出现了规则空白。鉴此，原工商总局在其基础上制定了新的《网络交易管理办法》，于2014年1月26日以工商总局令第60号公布，于当年3月15日起施行。《网络交易管理办法》系统规定了网络交易概念定义、适用范围、经营者责任义务、监督管理规定等内容，自施行以来，在依法加强网络交易监管执法、维护网络市场良好秩序、维护各方主体合法权益、推动网络经济快速发展等方面起到了积极作用。

（二）《电子商务法》出台实施情况

2018年8月，《电子商务法》在历经全国人大四次审议后正式颁布，自2019年1月1日起实施。作为电子商务规范发展与监督管理的基本大法，对电子商务参与各方界定了权利义务，对交易行为进行规范并明确了法律责任，对于我国电子商务活动的规范有序发展奠定了坚实的制度基础。施行两年以来，市场监管部门一方面大力组织法律宣传和专题培训，另一方面积极推进依据《电子商务法》执法办案，带动全社会知晓和运用法律。特别是在虚构交易（刷单）、大数据杀熟、强制搭售、拒退换货等违规行为方面，各地网络交易监管机构查处了一批典型案件，有效维护了公平竞争网络环境和安全放心的消费环境。

（三）细化落实电商法规定的制度需求

《电子商务法》作为电子商务规范发展与监管的基本大法，是市场监管部门网络交易监管工作的基本法律依据，其设定的规则体系也是网络交易监管各层级法制建设的基本制度遵循。但是，从两年以来各地执行情况看，《电子商务法》部分制度规定相对比较概括、宏观，执行中存在一定的落地困难；部分有关经营者义务的要求，缺乏具体的行为要素规则；一些时限规定过于模糊，需要细化规定；零星小额交易、便民劳务活动作为新的概念直接决定经营者登记范围，实践中需要尽快明确、逐一厘清。因此，市场监管部门迫切需要通过规范形式细化法律规定，推动一系列实际工作。

从部门规章沿革来看，依照新的法律规定对《网络交易管理办法》相关内容予以修订，是贯彻落实依法治国精神、更好履行市场监管职责的需要，也是促进数字经济发展的客观要求。依据新法律修订旧规章，在此基础上对新法进一步补充和细化，正是《网络交易监督管理办法》的基本使命和立规逻辑。2021年3月15日，市场监管总局令第37号公布《网络交易监督管理办法》，自2021年5月1日起施行。

（四）破解监管执法新问题的实践需要

近年来，以网络社交、直播为代表的网络交易新业态不断涌现，在参与主体、交易流程、经营架构乃至信息传播方式等方面均有别于传统的网络交易模式，在激发网络经济新活力的同时也产生了很多新的监管课题。比如，网络社交、直播平台是否构成网络交易平台，或者在什么情形下构成平台，对应承担平台责任？又如，直播人往往不是商品的实际经营者，应当如何展示真实的经营者信息？直播平台应当以什么方式、在多长期限内保存商品和服务信息？进一步，通过网络社交、直播方式经营的经营者与经典的平台内经营者是否应当完全同责，又有什么特殊要求？这些问题在一线监管中已经突显，需要通过制度建设来统一界定，从而规范有关经营者行为，更好维护新业态消费者权益。

二、坚持的基本理念

鼓励创新、包容审慎、严守底线、线上线下一体化监管，是网络交易监管的基本原则，是全部监管执法工作的思维框架。其中，鼓励创新旨在释放网络经济潜力，实现创新驱动下的持续发展；包容审慎是基于业态发展规律，尽最大可能保护新生动能；严守底线则着眼于消费者人身财产权益保护，特别是严格防范存在生命、健康和安全隐患的各类商品和交易风险；线上线下一体化，则是站在市场监管工作全局对网络交易监管进行的科学化定位，既是坚持公平监管的当然之意，又是保持统一行业监管框架的客观要求。

《网络交易监督管理办法》充分体现了保障交易安全、维护公平竞争、强化消费者权益保护的重要价值理念。

交易安全。相对于线下交易活动，网络交易基本没有物理空间安全风险，产品质量安全主要是国家禁止流通销售的产品在使用过程中对消费者带来人身财产隐患，而在网络交易下特殊的交易风险集中体现在消费者个人信息安全方面。当前，数据和流量成为网络市场参与竞争的最关键要素，平台企业乃至较大规模的普通经营者都有基于对个人信息的价值滥用而不当获利的天然动机，且在近年来的监管实践中日益突显。因此，《网络交易监督管理办法》设置了个人信息保护的专门条款，借鉴现行法律法规并结合网络交易侵权行为新的表征，对经营者收集使用消费者个人信息进行了具体的程序规定。其中，对个人敏感信息参考了个人信息保护有关法律草案进行了列举，并明确要求逐项授权，以此申明敏感信息在网络交易场景下的特殊重要性和强化保护的必要性。

公平竞争。公平竞争是市场经济的重要基石。网络市场具有无边界、全天候的运行特征，不正当竞争波及的范围和破坏性都被放大，近年来越发引起社会关注。网络交易中的不正当竞争在技术能力的加持下，行为表现更加隐蔽，方式手段更加多样，特别是平台实施的不正当竞争往往披着依规惩戒的外衣，声称是依据服务协议或管理规则进行的管理行为，给执法认定制造障碍。《网络交易监督管理办法》主要对近年来社会最为关注的平台"二选一"进行了规制，归纳总结并列明了平台强迫平台内经营者所惯用的典型方式和手段。同时，平台限制经营者和消费者只能使用自有或战略合作的物流快递服务商的现象越发突显，办法专设一款明确禁止此类不合理限制。

消费者权益保护。由于网络交易时空分离，在商品信息展示、运输交付责任等因素下，网络消费者在享受退换货等售后服务时，比线下实体购物更容易遭遇假冒伪劣等问题和争议。因此，加强对网络消费者权益的保护，是本办法重点关注领域。通过前端的市场主体登记、平台对经营者入驻审核，到中端的平台履行检查监测义务，再到平台配合监管部门进行消费纠纷处置等要求，均着力从多维度为消费者合法权益筑牢防火墙、织密保护网。

三、遵循的基本原则

《网络交易监督管理办法》主要遵循了以下原则：

（一）科学严谨，合理框定规制范围

严格遵循《规章制定程序条例》等规定，在《电子商务法》等上位法规定的范围内，对概括性规定进行细化，严格按照"三定"方案

确定的职责进行规定，不突破职责权限。

（二）开门立法，广泛吸纳意见建议

起草小组对现行法律制度进行认真研究，并赴多地进行实地调研，从框架确立到具体条文，均源于现实需求。在起草过程中，广泛吸纳社会共识，对合理性建议进行了充分的吸收。

（三）着眼实践，力求便于落地执行

《电子商务法》部分规定较为宏观和原则，在执法实践中难以落实到位。《网络交易监督管理办法》充分考虑当前网络交易监管执法工作的现实需求，对《电子商务法》部分制度设计进一步细化和完善，着力增强可操作性。

（四）统筹兼顾，有效平衡各方诉求

网络交易参与各方均依法享有不受侵犯的合法权益，又承担法定义务，各自履责享权是提升业态效率的基础。《网络交易监督管理办法》力求在各方诉求之间体现公允，科学合理界定责任义务，在确保消费者权益得到有效保护的基础上，努力实现优化监管与服务发展之间的平衡。

四、主要内容概述

《网络交易监督管理办法》分五章，共 56 条，主要内容包括：

第一章：总则。主要规定了本办法的适用范围、网络交易活动遵循的基本原则、网络交易监管原则，网络交易市场治理体系等内容。

第二章：网络交易经营者。第一节是对网络交易经营者共性问题的一般规定，主要内容包括：一是网络交易经营者的概念以及不同类

型，特别是对通过网络社交、网络直播从事网络交易活动的经营者性质进行了界定；二是网络交易经营者主体登记，重点是对《电子商务法》规定的"便民劳务"和"零星小额"两类免于登记情形进行了具体界定；三是网络交易经营者信息公示，细化了《电子商务法》规定的信息公示义务的履行要求；四是网络交易经营行为规范的一系列禁止性规定，如不得以虚构交易、编造评价、混淆行为等方式进行不正当竞争，不得进行任何形式的违规搭售等。

第二节是对网络交易平台经营者进行的专门规定，主要内容包括：一是平台经营者应当对经营者提交的信息进行核验登记，并每年两次向市场监管部门报送经营者身份信息；二是平台经营者应当显著区分标记已登记和未登记的经营者，确保消费者能够清晰辨认；三是平台经营者应当对平台内经营活动建立检查监控制度，对有关违法行为及时处置和报告；四是平台不得对平台内经营者与其他经营者的交易进行不合理限制或者附加不合理条件，干涉平台内经营者的自主经营，即对"二选一"行为的规制。

第三章：监督管理。主要规定了各地市场监管部门应当在日常管理和执法活动中加强协同配合；平台住所地市场监管部门应当及时与经营者管辖地共享经营者信息；市场监管部门查处网络交易违法行为可以依法采取的各类措施；平台应当按照市场监管部门要求提供有关信息，配合监管执法活动等。

第四章：法律责任。规定了法律法规对网络交易违法行为的处罚已有规定的，从其规定；没有规定的，在规章权限内逐一设置了罚则，确保违反规定的各类行为均承担对应的法律责任。

第五章：附则。规定了本办法的施行日期以及原《网络交易管理办法》同时废止。

第三节　网络交易监管及重点问题

一、网络交易监管方式

蓬勃发展的网络经济已经成为促进中国消费升级、经济社会转型、构建国家竞争新优势的重要推动力。与此同时，由于网络交易固有的虚拟性、开放性、交易跨地域性等特点，诸多风险隐患在网络经济发展过程中暴露出来，阻碍了网络交易市场健康发展，制约了经济发展新动能的持续释放。多年来形成的传统市场监管方式方法和体制机制亟须进一步优化创新，以适应线上线下融合发展的新形势。

2015 年，国务院办公厅印发《关于推进线上线下互动加快商贸流通创新发展转型升级的意见》，首次提出切实加强线上线下一体化监管和事中事后监管。此后，《国务院关于"先照后证"改革后加强事中事后监管的意见》《国务院办公厅关于加强互联网领域侵权假冒行为治理的意见》等文件再次强调了"推进线上线下一体化监管"的思路。为此，2015 年 11 月，原工商总局印发《工商总局关于加强网络市场监管的意见》（工商办字〔2015〕183 号），明确了"依法管网、以网管网、信用管网、协同管网"的工作思路，并提出要严厉打击销售侵权假冒伪劣商品违法行为，突出对网络交易平台的重点监管；紧密结合商事制度改革，加强网络经营主体规范管理；积极推进 12315 体系建设，依法维护网络消费者合法权益；规范各类涉网经营行为，维护公平竞争的市场秩序等工作要求，为全国开展网络交易监管工作指明了方向。特别是机构改革网络交易监督管理司成立后，在网络交易监管领域逐步形成了由网络交易监督管理司牵头组织，各业务条线监管职能从线下向线上延伸，依职责对网络交易监管中出现的具体问题进行监管执法的格局，基本确立了行业监管和综合监管相结合，从中央到省、市、县分级监管的体系。

（一）以网络交易管理法制建设为基础，实行"依法管网"

近年来，网络交易管理法制建设工作初见成效，初步建立了适应网络交易发展的治理体系，有效维护了平台经济领域市场秩序，促进行业持续健康发展。总体上看，网络交易管理法制体系以《电子商务法》为主，《网络交易监督管理办法》进一步细化和完善了有关制度设计，根据当前网络交易中存在的问题，在网络经营主体准入、网络不正当竞争行为、网络消费维权、网络交易平台管理等方面都作出了详细规定。同时，由于《电子商务法》部分规定较为宏观、原则，且罚则部分多为转致其他法律和行政法规，《反不正当竞争法》《消费者权益保护法》《广告法》《反垄断法》《产品质量法》《食品安全法》《价格法》《商标法》《专利法》等法律法规也是开展网络市场管理工作的基本依据。广大网络交易管理干部应当组织市场监管部门各业务条线，严格依据这些法律法规的具体规定，积极开展网络交易监督管理工作。

但是，随着平台经济进入新发展阶段，技术不断创新，新经营模式层出不穷，平台经济发展与规范面临新的难题和挑战，必须进一步加强网络交易管理法制建设工作，动态跟踪和研判平台经济运营规则，及时根据网络市场出现的各类新情况和新问题制修订相关法律，制定相关配套政策法规，为网络交易监管执法提供坚实的法律基础。

（二）以技术手段进步为契机，实现"以网管网"

原工商总局《关于加强网络市场监管的意见》提出，强化技术手段与监管业务的融合，推进"以网管网"；《国务院办公厅关于促进平台经济规范健康发展的指导意见》强调，要积极推进"互联网＋监管"。市场监管部门积极响应，应用信息化技术，创新监管模式，对以电子商务为代表的新业态开展网络交易监测。根据《电子商务法》《网络交易监督管理办法》等法律的规定，现阶段网络交易监测所关注的涉嫌违法行为特征主要包括与网络交易经营主体信息公示相关的涉嫌违法行为；与网络交易客体相关的涉嫌违法行为；与网络交易行为相关的涉嫌违法行为三个方面。

网络交易监测是一项需要长期研究、不断完善的工作，需要持续投入大量的专业人才、专项资金，对相关法律规定进行系统梳理、对违法行为特征进行提取归纳、结合实际对各项监测技术进行应用，技术性和实践性都很强。近年来，市场监管总局和各地市场监管部门对网络交易监测工作进行了大量有益探索，取得了一定进展。

（三）以网络信用体系建设为载体，实施"信用管网"

信用监管属于现代管理方式的一种，也是市场监管中最有效的方式之一。当前网络市场还没有一套统一的核心技术标准和行业规范，用来有效监督、衡量网络市场的诚信问题和失信惩戒问题，信用体系的缺失已成为制约网络交易发展的主要瓶颈之一。因此，抓住了信用监管，就抓住了规范和促进网络市场发展、维护网络市场秩序的关键一环。

《国务院办公厅关于加快推进社会信用体系建设构建以信用为基础的新型监管机制的指导意见》的出台，进一步加强社会信用体系建设，发挥信用在创新监管机制、提高监管能力和水平方面的基础性作用，更好激发市场主体活力，推动高质量发展，也为网络信用体系建设提供了遵循。

《网络交易监督管理办法》将信用监管作为主要监管措施和手段，

制定相关规定。其中第十二条规定，网络交易经营者应当在其网站首页或者从事经营活动的主页面显著位置，持续公示经营者主体信息或者该信息的链接标识。第三十七条规定，市场监管部门依法对网络交易经营者实施信用监管，将网络交易经营者的注册登记、备案、行政许可、抽查检查结果、行政处罚、列入经营异常名录和严重违法失信企业名单等信息，通过国家企业信用信息公示系统统一归集并公示。此外，上述信息还可以通过市场监管部门官方网站、网络搜索引擎、经营者从事经营活动的主页面显著位置等途径公示。

下一步，市场监管部门要把加快网络信用监管体系建设作为重要抓手，深入研究网络交易主体信用特点，以网络交易经营者为重点，积极研究和探索网络交易信用监管体系。

（四）以推进平台和行业自律为抓手，建立健全自我管理体系

以推动平台和行业自律来规范网络交易秩序是网络经济发展的内在必然要求。只有平台、行业自觉维护秩序，网络交易的健康发展才能有坚实基础。《网络交易监督管理办法》将平台和行业自律作为维护网络交易秩序、促进网络交易健康发展的重要措施，积极鼓励和倡导行业和平台自律。其第六条规定，市场监管部门引导网络交易经营者、网络交易行业组织、消费者组织、消费者共同参与网络交易市场治理，推动完善多元参与、有效协同、规范有序的网络交易市场治理体系。

要切实抓好鼓励支持自律的贯彻落实工作。首先要重点抓好网络交易平台经营者自律的指导监督工作，指导网络交易平台经营者通过建立身份认证、交易者信用等级管理、商品质量安全管理、消费者权益保护等制度和使用网络交易第三方支付平台等方式，保障网络交易安全，维护网络交易秩序，使网络交易平台经营者确实承担起维护网

络市场秩序第一责任人的责任。与此同时，鼓励支持网络交易行业组织建立行业公约，推动行业信用建设，加强行业自律，促进行业规范发展。

二、重点突出对网络交易平台的监管

网络交易监管是一项系统性工程，包含多个领域，涉及多个部门和多部法律法规，要坚持问题导向，长短结合，标本兼治，积极推进线上线下一体化监管。

2019 年 8 月，国务院办公厅印发《关于促进平台经济规范健康发展的指导意见》，强调要创新监管理念和方式，探索适应新业态特点、有利于公平竞争的公正监管办法，分领域制定监管规则和标准，建立健全协同监管机制，积极推进"互联网＋监管"。根据《网络交易监督管理办法》，网络交易监管的对象主要为网络交易平台经营者、平台内经营者、自建网站经营者以及通过其他网络服务开展网络交易活动的网络交易经营者。

虽然不论网络交易平台经营者还是平台内经营者，都是网络交易监管的重要内容，但从目前网络交易监管实践看，平台内经营者与传统经营实体监管联系密切，大部分违法问题可以通过《反不正当竞争法》《消费者权益保护法》《广告法》《反垄断法》《产品质量法》《食品安全法》《价格法》《商标法》《专利法》等法律法规进行规制，且在市场监管系统内有比较明确的业务主管部门，而对网络交易平台经营者如何形成系统、有效的监管仍是亟须进一步研究、实践。

网络交易平台是网络商品及有关服务集中交易的场所和空间，网络交易平台交易秩序是否规范、有序，直接关系到网络商品交易能否健康发展。在维护网络商品交易平台秩序方面，提供网络交易平台服务的经营者是第一责任人，负有重要管理责任，抓住平台经营者，就直接抓住了维护网络交易秩序的关键环节。《电子商务法》和《网络交易监督管理办法》均单列章节，对平台经营者的责任义务作出了规定。《电子商务法》第二章第二节规定，电子商务平台经营者对平台内经营者有形式审查、协助监管、处置和报告违法经营行为、保障网络交易系统安全、保存交易信息、制定平台服务协议和交易规则、公示、建立健全信用评价制度、保护知识产权等义务和责任。《网络交易监督管理办法》补充完善了有关内容，为市场监管部门加强网络交易平台监管提供了更具操作性的制度依据，并规定了明确的罚则。

一是网络交易平台应负责对平台内经营者的经营资格进行审查、登记、公示，采用信息核验、信息提供等方式体现网络交易平台对平台内经营者的管理和对监管部门的协助。《网络交易监督管理办法》第二十四条、第二十五条、第二十六条规定，网络交易平台经营者应当要求申请进入平台销售商品或者提供服务的经营者提交其身份、地址、联系方式、行政许可等真实信息，进行核验、登记，建立登记档案，并按规定进行核验和相关信息报送；应当为平台内经营者依法履行信息公示义务提供技术支持，并以显著方式区分标记已办理市场主体登记的经营者和未办理市场主体登记的经营者，确保消费者能够清晰辨认。

二是网络交易平台服务协议和交易规则明确了进入和退出平台、商品和服务质量保障、消费者权益保护等方面的权利、义务和责任，平台在制定服务协议和交易规则时必须公开协议和规则内容。《网络交易监督管理办法》第二十八条规定，网络交易平台经营者修改平台服务协议和交易规则的，应当完整保存修改后的版本生效之日前三年的全部历史版本，并保证经营者和消费者能够便利、完整地阅览和下载。

三是维护网络交易秩序既是市场监管部门的职责，也是网络交易平台本身的责任。平台经营者对平台内经营活动的管理更加快捷有效，能够根据市场动态实时动态调整管理方向，落实政府部门监管要求，主动对违法行为进行检查监控，并将有关违法行为及时处置和报告。《网络交易监督管理办法》第二十九条规定，网络交易平台经营者应当对平台内经营者及其发布的商品或者服务信息建立检查监控制度。发现平台内的商品或者服务信息有违反市场监管法律、法规、规章，损害国家利益和社会公共利益，违背公序良俗的，应当依法采取必要的处置措施，保存有关记录，并向平台住所地县级以上市场监管部门报告。

四是平台经济领域"赢者通吃""强者愈强"的特点明显，网络交易平台不得排除和限制竞争，破坏公平竞争环境。部分互联网平台，借助资本力量，涉及领域越来越广，形成新的"大而不能倒"的公司，资本无序扩张可能带来风险。党中央对此问题非常重视，不断强调强化反垄断和防止资本无序扩张的重要性，指出反垄断、反不正当竞争是完善社会主义市场经济体制、推动高质量发展的内在要求。国家支持平台企业创新发展、增强国际竞争力，支持公有制经济和非公有制经济共同发展，同时要依法规范发展，健全数字规则。要完善平台企业垄断认定、数据收集使用管理、消费者权益保护等方面的法律规范，强化网络交易平台监管、保护市场公平竞争、激发平台企业创新活力，促进我国平台经济健康发展。

为进一步强化网络交易平台监管、保护市场公平竞争、激发平台企业创新活力，促进我国平台经济健康发展，《网络交易监督管理办法》第三十二条规定，网络交易平台经营者不得对平台内经营者与其他经营者的交易等进行不合理限制或者附加不合理条件，干涉平台内经营者的自主经营。具体包括通过搜索降权、下架商品、限制经营、屏蔽店铺、提高服务收费等方式，禁止或者限制平台内经营者自主选择在多个平台开展经营活动，或者利用不正当手段诱导其仅在特定平台开展经营活动；禁止或者限制平台内经营者自主选择快递物流等交易辅助服务提供者；其他干涉平台内经营者自主经营的行为。

同时，为便于执法查处，《网络交易监督管理办法》对《电子商务法》中相关违法行为的罚则也进行了补充和完善。例如第四十八条规定，违反《网络交易监督管理办法》第二十七条、第二十八条、第三十条的，由市场监管部门责令限期改正；逾期不改正的，可以处一万元以上三万元以下罚款。第五十三条规定，对市场监管部门依法开展的监管执法活动，拒绝按照本办法规定提供有关材料、信息，或者提供虚假材料、信息，或者隐匿、销毁、转移证据，或者有其他拒绝、阻碍监管执法行为，法律、行政法规、其他市场监管部门规章有规定的，依照其规定；法律、行政法规、其他市场监管部门规章没有规定的，由市场监管部门责令改正，可以处五千元以上三万元以下罚款。

三、网络交易违法行为查处管辖

由于网络交易的跨地域性特征凸显，网络交易违法行为的查处管辖问题一直是网络交易监管执法的重点内容，既要便于管理，又要利于查处，还要维护消费者权益。由于平台内经营者和消费者遍布全国各地，如果各地县级以上市场监管部门都对网络交易平台经营者具有管辖权，将阻碍平台正常运行，平台配合市场监管的成本将大幅提高。因此，按照"两促进"的原则，《市场监督管理行政处罚程序暂行规定》第九条对网络交易案件管辖问题作出明确规定："电子商务平台经营者和通过自建网站、其他网络服务销售商品或者提供服务的电子商务经营者的违法行为由其住所地县级以上市场监督管理部门管辖。平台内经营者的违法行为由其实际经营地县级以上市场监督管理部门管辖。电子商务平台经营者住所地县级以上市场监督管理部门先行发现违法线索或者收到投诉、举报的，也可以进行管辖。"《网络交易监督管理办法》第五条规定，市场监管总局负责组织指导全国网络交易监督管理工作，县级以上地方市场监管部门负责本行政区域内的网络交易监督管理工作。

《市场监督管理投诉举报处理暂行办法》也对投诉举报处理的管辖问题作出明确规定，特别是第十二条规定："投诉由被投诉人实际经营地或者住所地县级市场监督管理部门处理。对电子商务平台经营者以及通过自建网站、其他网络服务销售商品或者提供服务的电子商务经营者的投诉，由其住所地县级市场监督管理部门处理。对平台内经营者的投诉，由其实际经营地或者平台经营者住所地县级市场监督管理部门处理。"

除上述原则外，针对两个以上市场监管部门都有管辖权的实际情况，《市场监督管理行政处罚程序暂行规定》第十一条、第十二条、第十三条规定，"对当事人的同一违法行为，两个以上市场监督管理部门都有管辖权的，由先立案的市场监督管理部门管辖"；"两个以上市场监督管理部门因管辖权发生争议的，应当自发生争议之日起七个工作日内协商解决；协商不成的，报请共同的上一级市场监督管理部门指定管辖"；"市场监督管理部门发现所查处的案件不属于本部门管辖的，应当将案件移送有管辖权的市场监督管理部门。受移送的市场监督管理部门对管辖权有异议的，应当报请共同的上一级市场监督管理部门指定管辖，不得再自行移送"。

第四节 工作展望

随着网络交易的不断发展，网络市场监管面临新的形势和任务。一方面涉及的行业和领域众多，交叉性强；另一方面涉及的新技术和新事物多，技术性强，监管难度大，任务重。网络交易监管工作要深入贯彻党的十九大和十九届二中、三中、四中、五中全会精神，紧紧围绕"依法管网、以网管网、信用管网、协同管网"基本布局推动各项工作。

一、完善网络交易监管基本规制体系，加强网络交易主体规范化建设

强化网络交易监管重点问题研究，推进规章规范性文件制定工作，基于监管执法需求，聚焦研究突出问题，适时起草出台专门的规范性文件，着力提升网络市场主体规范化水平。加强《电子商务法》《网络交易监督管理办法》宣传，增强经营者自觉合规意识，提高网监队伍执法能力，引导消费者依法依规维权，推动网络市场协同治理。

二、加强网络交易监管执法工作

加大执法办案力度，对各类专项整治和各地网络监管执法中的案例定期征集汇总，通过案例分析，了解互联网经济发展的底层逻辑、发展动向，掌握基层网络监管执法的难点痛点，进行有针对性的分析，以案说法指导基层网络监管工作。突出抓住主要电商平台的信用建设，指导、督促其落实相关信用惩戒要求，配合各项惩戒措施的落地执行。

三、依托网络市场监管部际联席会议，纵深推进"协同管网"，提升监管效力

充分发挥联席会议作用，加强部门间监管执法合作，推动联合惩戒措施落地。加强与行业协会、电商企业的沟通合作，引导其更好发挥自治、自律作用，履行社会责任，在执法协作、主动合规方面发挥积极作用，共同推动电子商务社会共治体系建设。深入落实《电子商务法》重点规定，加强线上线下一体化监管，整治网络市场突出问题，落实平台法定责任，不断净化网络市场环境，维护网上交易秩序。

四、提升网络交易市场数字化监管能力，在国家层面建立统一的网络交易监管平台

依托互联网、大数据技术，充分发挥新技术在市场监管中的作用，实现平台监测、分析预警、数据对接、线上执法、信息公示、技术支撑等一体化、穿透式监管，实施线上综合监管。建立一支高素质、专业化、可靠放心的网络市场监管专业技术"国家队"，提升网络市场整体监管效能。强化财力支持，加强平台经济监管数字、技术资源等基础设施建设，为监管提供有力保障。

第六章

商品交易市场监管

第一节　概　述

我国的商品交易市场起源于集贸市场，拥有悠久的历史。早在先秦时期，就有商品市场的记载。隋唐时期，迎来了经济大繁荣，坊市制度下商品市场空前活跃，许多大都市形成了大型的市场，如当时长安著名的"东市""西市"。历朝以降，随着坊市制度的瓦解和手工业的兴起，大量农副产品进入市场交易，形成了许多专业市场，促进了商业繁荣和工商业城市的兴起。发展到今天，商品交易市场成为社会主义大市场的重要组成部分，是经济发展的助推器，经济运行的"晴雨表""风向标"，对我国经济社会的发展进步做出了巨大贡献。

商品交易市场的繁荣发展离不开商品交易市场监管。狭义上的商品交易市场监管，指的是对以各类专业市场、农产品批发市场、农（集）贸市场等为代表的商品交易市场的监管；广义上的商品交易市场监管，则还包括由于历史和工作分工等原因归口到商品交易市场监管条线的其他市场监管，如对拍卖、野生动物、旅游、文物等市场的监管。特别是拍卖、野生动物、旅游、文物等特定领域，均有相应的行业主管部门，并实施行政许可制度，在整个国家经济社会发展大局中具有重要的地位和作用，并赋予市场监管部门一定的监管职责。在2018年机构改革之前，商品交易市场监管以市场规范管理的形式出现。

一、商品交易市场（狭义）的概念与特征

我国商品交易市场与政治形势、经济政策密切相关。场所形态上，经历了"路边露天市场—简易大棚市场—室内市场—商品（交易）城"的演变，市场内的主体涵盖了多种经营主体，组织形式也从过去

自发的、无序的组织蜕变到现在有管理的、更加规范的组织。

关于商品交易市场的概念，一般认为是指在一定区域内形成的，有固定交易场所和相应设施，由市场经营管理者负责经营管理，有若干经营者进场经营、分别纳税，实行集中、公开、独立地进行现货商品交易或提供服务的场所。

上述概念中的市场经营管理者，是指利用自有或者租赁的固定场所，通过提供经营场地、相关设施、物业服务及其他服务，吸纳经营者在场内集中进行交易，从事市场经营管理的企业或其他经济组织。进场经营者是指在市场内从事现货商品交易或提供服务的各类企业、个体工商户和其他经济组织以及自然人等。

商品交易市场有如下特征：在商品交易市场中存在着相对独立的两个层面的市场主体和责任主体，一般表现为市场经营管理者和进场经营者，并以摊位出租为主要经营方式。市场经营管理者和进场经营者都是独立的市场主体和责任主体，而商品交易市场秩序是由市场经营管理者和每个进场经营者的行为共同构成的，因此，市场中的每个市场主体都是责任主体，都要对自己的经营行为负责。

二、历史沿革

新中国成立后，实行计划经济体制，对各类产品实行统购统销，按计划分配。在这一时期，由于不需要市场的商品集散交易功能，市场失去了存在的必要，集贸市场当时被当作要割掉的"资本主义的尾巴"。计划经济时期，基本上处于无市场的阶段。改革开放后，商品交易市场作为社会主义市场经济的先声，开启了快速发展之路。

党的十一届三中、四中全会重新肯定了集市贸易是社会主义经济的必要补充，是社会主义统一市场的组成部分，为集贸市场的发展确定了理论和政策基础。改革开放初期至 1992 年，工商行政管理部门以培育市场与监督管理为重点，大力培育发展个体工商户、建设集贸市场，恢复和发展农村集市贸易，开放城市集贸市场，积极促进搞活流通。同时，积极履行《城乡集市贸易管理办法》赋予的职责，加强服务与监督，通过开展文明集贸市场创建评比活动等方式，创造良好的市场经营环境。

邓小平同志南方谈话和党的十四大以后，全国掀起了市场建设的高潮。1992 年至 1995 年，工商行政管理部门积极培育建设各类市场，农副产品批发市场和工业品市场取得了快速发展。1993 年 7 月，原国家工商行政管理局正式颁布了《商品交易市场登记管理暂行办法》，对开办市场应具备的条件，市场开办单位应承担的责任，市场登记机关的职责及登记内容、登记程序等作出了规定。市场登记制度的建立，对加强各类商品交易市场建设的宏观调控和统一管理，维护正常的流通秩序发挥了重要作用。

1995 年至 2002 年，随着我国建立社会主义市场经济体制改革目标的提出，迫切需要建立一支与社会主义市场经济相适应的公正执法的工商干部队伍。工商行政管理部门及时调整了市场办管不分的监管方式，完成了市场办管脱钩的任务，为工商行政管理部门公平公正执法，加强市场规范管理打下了良好的基础。经过全国工商行政管理系统的努力，截至 2001 年底，各地工商行政管理机关所属单位开办的市场及其他经营机构的产权，全部移交地方政府，全国工商行政管理系统市场办管脱钩工作全面完成。

2003 年以来，是我国完善社会主义市场经济体制的时期。各级工商行政管理机关认真履行职能，大力规范市场交易秩序，积极探索市场监管长效机制，促进市场繁荣、规范、有序发展。在深入开展红盾护农、经纪活农、合同帮农、商标富农、权益保农、政策爱农、市场兴农等工作中取得显著成绩，为推进新农村建设尽职尽责，得到了各级政府肯定。充分发挥职能作用，开展专项整治工作，整顿规范市场秩序取得新成效。创新监管方式，积极推进商品交易市场信用分类监管，制定《创建诚信市场示范标准》《创建文明集市示范标准》，广泛开展创建诚信市场、农村文明集市活动，进一步提高市场主体的诚信意识和自律能力，积极营造健康有序的市场发展环境。

党的十八大后，针对商品交易市场规范管理、汽车市场监管、旅游市场监管等领域，研究制定了一批规范性文件。

2013 年 12 月，原工商总局出台了《关于加强商品交易市场规范管理的指导意见》（工商市字〔2013〕210 号），强调了商品交易市场监管的重要性和总体要求，并从加强行政指导，推动商品交易市场开办者落实相关义务责任；创新监管方式，构建市场规范管理长效机制；加强协同配合，不断提高监管执法效能；加强基础建设，提升市场规范管理工作内在动力四个方面提出了 14 点具体要求。

2013 年 12 月，发布了《工商总局关于印发〈柜台租赁经营合同（示范文本）〉的通知》（工商市字〔2013〕203 号），制定了《柜台租赁经营合同（示范文本）》。2014 年 5 月，出台了《关于发挥工商职能作用 加强旅游市场监管的指导意见》（工商市字〔2014〕107 号），促进旅游产业健康发展。2014 年 10 月，出台了《关于加强汽车市场监管的指导意见》（工商市字〔2014〕190 号），明确提出"停止实施汽车总经销商和汽车品牌授权经销商备案工作"。2016 年 4 月，发布了《关于进一步加强成品油市场监管工作的通知》（工商市字〔2016〕68 号），维护成品油市场秩序。这些政策文件，对加强市场监管、规范市场秩序、促进行业发展、维护消费者合法权益方面，发挥了重要作用。

与此同时，随着相关政策法规的日益完善，为强化依法监管，防范系统性履职风险，推动废止了部分法规和部门规章、政策性文件（详见本章第四节相关内容）。

第二节　新时期的商品交易市场监管

党的十九大后，针对社会主义新时期的形势和发展需要，实施了党和国家机关机构改革。在这次改革中，商品交易市场监管的职责与以前相比，发生了一些变化，进行了一些"瘦身"（如粮食、农资、成品油、"限塑"整治市场监管等牵头职责分别归口到其他业务条线），形成新时期的商品交易市场监管。

一、商品交易市场监管的主要内容

市场监管部门在商品交易市场监管工作中的主要内容，可以归纳为四点：对市场主体资格的监管、对市场经营管理者管理行为的监管、对上市商品的监管、对市场交易和竞争行为的监管。通过开展相关工作，从而达到主体合法、行为合规、质量合格、交易和竞争有序的状态。

（一）对市场主体资格的监管

市场经营管理者在办理有关注册登记手续后方可从事商品交易市场经营业务。市场转让、转租或关闭时，市场经营管理者应按国家有关规定办理相应手续。进入商品交易市场从事经营活动的单位或个人应当办理营业执照，并在市场监管部门核准的经营范围内从事经营活动。对进入市场无固定摊位，销售自产自销农副产品的农民，依照国家相关规定无需办理营业执照，但应提供相关证明资料。

市场监管部门定期组织对进场经营者的经营资格进行审查。主要检查是否办理营业执照和相关许可证，是否在显著位置亮照经营，是否存在伪造、涂改、出租、出借、转让营业执照的违法行为，营业执照登记项目内容是否与实际相符，营业执照登记的经营年限是否有效等。发现存在无照经营、不亮照经营或营业执照登记事项与实际不符等问题的，根据情况依法采取措施。

（二）对市场经营管理者管理行为的监管

根据《消费者权益保护法》《食品安全法》《农产品质量安全法》《中华人民共和国野生动物保护法》（以下简称《野生动物保护法》）等有关法律、法规以及入市协议，市场开办者承担市场设施维护、环境卫生、消防治安等物业管理职责，同时还是市场交易秩序、上市商品质量特别是食品安全的责任主体。市场监管部门与相关部门一起，依法依职责指导、督促市场开办者做好以下工作：

1. 建立健全市场经营管理机构，设立固定的办公场所，配备专职管理人员，明确职责分工，认真履行管理责任，及时发现、制止、记录、报告场内违法违规行为。

2. 建立健全市场内部管理制度，对经营者营业执照检查及档案管理、进场违禁商品检查及清退、经营者进货查验及索证索票、食品进货台账管理、日常巡场检查、品牌商品登记、不合格商品和违法违规行为信息公示、消费纠纷投诉处理、农产品（批发市场）质量抽检、"限塑"整治、市场突发事件应急管理等工作进行规范，并定期组织检查相关制度落实情况。依据《食品安全法实施条例》规定，食品集中交易市场的开办者应当在市场开业前向所在地县级人民政府食品安全监督管理部门报告。《食用农产品市场销售质量安全监督管理办法》

对集中交易市场开办者义务作出了多项具体规定。《集贸市场计量监督管理办法》对城乡集贸市场主办者计量器具管理、商品量计量管理、计量行为管理方面的责任义务提出了明确要求。《野生动物保护法》明确禁止商品交易市场为违法出售、购买、利用野生动物及其制品或者禁止使用的猎捕工具提供交易服务。

3. 与经营者签订规范的进场合同，就双方权利义务，包括商品质量保障、消费者权益保护、不合格商品退市、发生严重违法违规行为经营者退市等主要责任条款作出约定。

4. 建立场内经营者基本信息档案，包括营业执照、负责人、联系人、联系电话、场内经营地址、经营商品等。

5. 组织进场经营者学习有关法律法规及相关规定，增强经营者自律意识，养成良好的职业道德，维护好市场的日常交易秩序。

6. 搞好市场物业管理和服务，做好划行归市、经营设施的修缮维护等工作，为经营者和消费者提供良好的交易环境。

7. 严格遵守国家法律法规，不为侵犯他人注册商标专用权者、无证无照经营者及制售假冒伪劣商品者提供场地、设备、仓储、运输等服务。

（三）对上市商品的监管

市场监管部门对上市商品入市合法性的监督检查主要包括：对国家明令禁止流通的物品不许其上市，对国家限制交易的商品监督其在国家允许的渠道内流通。发现在商品中掺杂、掺假，以次充好，以假充真，以不合格商品冒充合格商品，未经认证擅自销售CCC目录内产品的，应当责令生产经营者停止销售，做好商品封存、退市、缺陷产品召回、无害化处理、销毁等工作，并依法进行查处。对违反食品安全法律法规的行为，按照"四个最严"的工作要求依法进行查处。

（四）对市场交易和竞争行为的监管

市场监管部门依法查处商品交易市场内的下列违法违规行为：销售国家明令淘汰并停止销售或者过期、失效、变质的商品；销售未按规定检疫检验或者检疫检验不合格的商品；假冒他人的注册商标；假冒专利；伪造或冒用认证标志等质量标志；擅自使用与他人有一定影响的商品名称、包装、装潢等相同或者近似的标识引人误认的；擅自使用他人有一定影响的企业名称、社会组织名称、姓名引人误认的；对其商品的性能、功能、质量、销售状况、用户评价、曾获荣誉等作虚假或者引人误解的商业宣传，欺骗、误导消费者；从事不正当竞争活动，采用贿赂手段销售商品；侵犯其他市场经营者的商业秘密；经营者达成垄断协议、滥用市场支配地位、具有或者可能具有排除、限制竞争效果的经营者集中等垄断行为；编造、传播虚假信息或者误导性信息，损害竞争对手的商业信誉、商品声誉；发布违法广告；欺诈销售；商品价格、服务价格违法违规行为；使用不合格计量器具，或者破坏计量器具准确度等。

二、商品交易市场监管的工作要点

（一）提高认识，增强责任感使命感

商品交易市场是我国社会主义大市场的组成部分，在促进生产、活跃流通、优化配置、方便生活、扩大就业、推动消费等方面一直发挥着重要作用。虽然近年来受到线上市场的冲击，但随着国家加快推进以发展平台经济为重点的商品交易市场优化升级，以各类专业市场、农产品批发市场、农贸市场等为代表的商品交易市场，仍然是生产生活必需品批发零售的重要渠道，是保民生、扩内需、稳产业、稳

就业的重要基础。要提高政治站位，把商品交易市场监管工作放在市场监管的整个大局中去谋划，切实增强工作责任感、紧迫感，加大工作力度，强化工作措施。

（二）把握特点，发挥市场监管职能作用

一是针对业务特点，突出工作重点。机构改革后，市场监管部门商品交易市场监管工作与传统的商品交易市场监管内容相比，业务的综合性、专业性、技术性更强。既涉及无照经营，也涉及无证经营；既涉及商品质量安全，也涉及食品安全、农产品质量安全，还涉及价格违法行为和垄断行为、不正当竞争问题；既涉及违法广告、虚假宣传，以及计量、标准、认证认可问题，也涉及侵犯商标、专利等知识产权，以及野生动植物保护、军服等禁售商品管理；既涉及流通环节，也涉及生产环节；既涉及消费维权，也涉及优化营商环境，在一些大型市场内还涉及特种设备安全监管。商品交易市场监管工作涉及产品种类多、法律法规多、部门条线多、监管事项多。针对这些特点，目前的商品交易市场监管工作重点是，树立大市场监管理念，综合运用市场监管法律法规规章加强监管执法，同时强化行政指导、行业自律和普法宣传，促进市场开办者、场内经营者诚信守法经营，切实维护公平竞争的市场秩序，打造安全放心的消费环境。

二是厘清监管职责，坚持分工协作。商品交易市场监管客观上易存在职责交叉。一方面，要争取尽可能厘清职责，明晰市场监管部门和其他行业主管部门的职责，明晰市场监管部门内部各业务条线职责。另一方面，要积极主动担当作为，既不缺位也不越位，在做好综合性强的工作的牵头协调、强化工作督促和分工落实的同时，积极参与配合其他部门、条线的依法依职责监督管理工作，强化协同共管。要强化市场监管部门内部各条线的监管协同。市场条线是商品交易市场监

管的综合协调机构，其他各条线都要承担相应的工作职责，要区分具体领域、内容的密切程度，坚持分工协作，充分发挥各业务条线的职能作用。要强化与有关主管部门之间的横向协同，强化相关业务领域问题会商、横向协同、联动监管的工作机制。要强化各地各级市场监管部门之间的监管协同。上级要主动加强对下级对口机构的业务指导和督促检查，层层压实责任；下级对口机构遇到重大问题时，要及时向上级请示报告。

（三）积极探索，提升监管能力

一是强化法治意识，加强依法监管。坚持职责法定，法定职责必须为，法无授权不可为。在法律法规赋予的职责范围内，加强与各相关业务主管部门的配合，依法履行商品交易市场监管各项工作职责，做到合法合规权威高效。针对相关法律法规不健全、不合理、不一致等问题，积极推动修订完善，尽可能减少监管的法律风险。有条件的地方市场监管部门，可立足当地实际，积极推动制定完善商品交易市场监管的地方性法规。

二是强化风险意识，探索分类监管。全国各类商品交易市场量大面广，规模不同，管理条件也参差不齐，存在一定的监管风险。要结合企业信用分类监管相关要求，探索实施对市场的智慧监管，借助信息化手段，发挥大数据的优势作用，对不同信用风险的市场实施差异化的监管措施，实现监管资源的合理配置和高效利用，切实提高监管效能。

三是强化队伍建设，夯实工作基础。结合职能特点，组织加强学习培训，熟练掌握法律法规，认清职责边界，主动深入研究和思考当前商品交易市场监管工作中的热点和难点问题，并寻求新的解决方法，不断提升干部商品交易市场监管工作能力水平。

三、商品交易市场监管的主要方式

（一）"双随机、一公开"

"双随机、一公开"是市场监管的深刻变革。所谓"双随机、一公开"，就是指在监管过程中随机抽取检查对象，随机选派执法检查人员，抽查情况及查处结果及时向社会公开。2015年7月，国务院办公厅印发《关于推广随机抽查规范事中事后监管的通知》，推进随机抽查制度化、规范化。2016年9月，原工商总局印发《关于新形势下推进监管方式改革创新的意见》。2019年1月，国务院印发《关于在市场监管领域全面推行部门联合"双随机、一公开"监管的意见》，提出：在市场监管领域健全以"双随机、一公开"监管为基本手段、以重点监管为补充、以信用监管为基础的新型监管机制。将"双随机、一公开"作为市场监管的基本手段和方式，除特殊重点领域外，原则上所有行政检查都应通过双随机抽查的方式进行，实施信用风险分类管理，针对不同信用风险类别的市场主体，采取差异化监管措施，提高监管的精准性和有效性。在按照抽查计划做好"双随机、一公开"监管的同时，对通过投诉举报、转办交办、数据监测等发现的具体问题要进行有针对性的检查，对发现的问题线索依法依规处理。2019年10月，《优化营商环境条例》出台，对国家推行"双随机、一公开"监管进一步明确。

2019年2月，市场监管总局印发《关于全面推进"双随机、一公开"监管工作的通知》，强调"双随机、一公开"监管是市场监管全局性工作，要求各级市场监管部门切实转变监管理念，创新监管方式，在市场监管职能整合的大背景下，加快健全以"双随机、一公开"监管为基本手段、以重点监管为补充、以信用监管为基础的新型监管机制。各级市场监管部门要注重内部各业务条线的职能整合，将"双随机、一公开"监管理念贯穿到市场监管执法各领域中。市场监管总局各业务司局、各省（区、市）市场监管部门要充分整合日常监管任务，避免重复多头布置，切实减轻基层负担。

目前，"双随机、一公开"已成为市场监管部门和相关部门针对商品交易市场经营管理者和场内经营者在内的日常监管基本手段。

（二）市场专项治理

市场专项治理，指市场监管部门在某一时期针对某一类型市场发展中存在的突出问题，集中时间、集中人力对重点地区、重点行业、重点市场、重点商品、重点行为进行专项检查清理和整治，以达到规范市场主体经营行为，整顿市场秩序，保护消费者及生产者、经营者合法权益的目的。

开展市场专项整治，是市场监管部门以往比较常用的一项市场监管措施，可以在较短的时间内解决、减轻或遏制市场上存在的突出问题。但是，日益多元化的市场主体、日益激烈化的市场竞争、日益国际化的市场，使市场监管面对前所未有的挑战，为适应市场经济发展需要，市场监管不能过分依赖突击性、专项性整治，而应更加注重日常规范监管。特别是《优化营商环境条例》明确规定，开展清理整顿、专项整治等活动，应当严格依法进行，除涉及人民群众生命安全、发生重特大事故或者举办国家重大活动，并报经有权机关批准外，不得在相关区域采取要求相关行业、领域的市场主体普遍停产、停业的措施。涉及商品交易市场的清理整顿、专项整治，要结合不同市场的特点和风险点，严格依法采取针对性强的具体措施。

（三）商品质量监督抽检和食品安全监督抽检

商品质量监督抽检和公示，指市场监管部门依据法定职责和国家有关产品质量监督管理法律法规规定，对市场中商品质量实行以抽检为主要方式的监督检查，并公示发布监督抽查的商品质量状况，依法对抽检不合格的商品采取责令经营者限期改正、停止销售等措施，并视情节对销售不合格商品的经营者予以相应行政处罚，保障商品质量安全的监管方式。商品质量监督抽检和公示是市场监管的一项重要手段，其法律依据是《产品质量法》《消费者权益保护法》等法律法规。商品质量监督抽检要严格程序，依法开展。近年来，各地市场监管部门多次开展流通领域相关商品的质量抽检，并通过新闻发布会、情况通报会等形式及时向社会发布监测结果和消费警示，产生了良好的社会反响，有力促进了商品交易市场监管工作的开展。为加强产品质量监督管理，规范产品质量监督抽查工作，保护消费者的合法权益，根据《产品质量法》和《消费者权益保护法》等法律、行政法规，2019 年 11 月，市场监管总局公布《产品质量监督抽查管理暂行办法》，自 2020 年 1 月 1 日起施行。2010 年12 月原质检总局令第 133 号公布的《产品质量监督抽查管理办法》、2014年 2 月原工商总局令第 61 号公布的《流通领域商品质量抽查检验办法》、2016 年 3 月 17 日原工商总局令第 85 号公布的《流通领域商品质量监督管理办法》同时废止。

依据《食品安全法》规定，食用农产品的市场销售纳入该法适用范围。市场监管部门依法承担食品安全监管职责，并应当按照食品安全标准对食品进行抽样检验。对于食用农产品，农业农村部门负责从种植养殖环节到进入批发、零售市场或者生产加工企业前的质量安全监督管理。食用农产品进入批发、零售市场或者生产加工企业后，由市场监管部门监督管理。根据市场监管总局令第 15 号《食品安全抽样检验管理办法》、原国家食品药品监管总局令第 12 号《食品召回管理办法》等有关规定，市场监管总局对加强监督抽检不合格食品风险防控和核查处置工作，提出专门要求。

（四）行政指导

《优化营商环境条例》规定：行政执法中应当推广运用说服教育、劝导示范、行政指导等非强制性手段，依法慎重实施行政强制。采用非强制性手段能够达到行政管理目的的，不得实施行政强制；违法行为情节轻微或者社会危害较小的，可以不实施行政强制；确需实施行政强制的，应当尽可能减少对市场主体正常生产经营活动的影响。

市场监管行政指导，指市场监管部门在职责范围内，为实现规范市场秩序的目的，通过发布各类市场监管法律法规信息、市场提示信息，或通过书面或者口头形式对经营者行为提供建议、咨询、劝告、告诫、说服，以及对经营者进行奖励、鼓励、表彰等方式引导和影响经营者规范自身行为，以促成市场监管目标实现的管理方式。推行行政指导，有利于促进市场监管部门监管理念的转变和监管方式的创新，有利于促进市场监管职能作用的发挥和监管水平的提高，有利于促进市场监管队伍素质的提高和整体形象的提升，有利于促进经济社会的发展与和谐执法环境的形成。

2009 年 11 月，原工商总局制定下发了《关于工商行政管理机关全面推进行政指导工作的意见》，要求将行政指导贯穿于工商行政管理全部业务工作中，坚持合法、自愿、公平、公开、灵活五项基本原则，在市场主体登记、维护市场秩序、保护消费者权益等各领域，运用非强制性手段，引导行政相对人知法遵法守法。具体来说就是采取建议、提醒、公示等方式，在行政许可方面，帮助申请人了解登记条件和程序，提供及时便捷的登记服务；在监管执法方面，运用教育手段，引导行政相对人自觉纠正违法行为；坚持行政指导与行政处罚相结合。在法律和政策的框架内实施行政指导，努力做到疏导与执法、教育与管理相结合。

（五）行政处罚

市场监管行政处罚，指市场监管部门通过依法惩戒违反市场监管法律法规经营者的方式，维护市场交易和竞争秩序。

行政处罚是市场监管中的一种刚性执法手段。市场监管部门在日常监管中，可以采取警告、罚款、没收非法所得、没收非法财物、责令停产停业、暂扣或者吊销许可证、暂扣或者吊销执照等行政处罚。1996 年实施的《行政处罚法》对行政处罚的基本原则、种类和设定权、实施机关、管辖和适用、决定和执行以及法律责任作了明确规定，2009 年、2017 年进行了两次修正，2021 年进行了一次全面修订。市场监管部门在进行行政处罚时，除应遵守有关具体法律规定外，也应遵守这些规定。市场监管总局出台了《市场监督管理行政处罚听证暂行办法》《市场监督管理行政处罚程序暂行规定》《市场监管总局关于规范市场监管行政处罚裁量权的指导意见》，切实保障市场监管部门依法实施行政处罚，保护自然人、法人和其他组织的合法权益。

（六）处理投诉举报

市场监管部门通过 12315 热线和全国 12315 平台等方式，依法接收投诉举报，分析消费维权数据，发布消费警示、公示消费投诉信息，梳理执法办案线索，动态监测市场秩序环境，开展消费维权公共服务和市场监管执法工作。在消费维权机制建设中，鼓励消费者通过在线纠纷解决机制、消费维权服务站、第三方争议解决机制等方式与市场内经营者协商解决消费争议。

（七）市场交易查验登记监督

市场交易查验登记监督，指市场监管部门通过监督检查经营者执行进货查验、索证索票、进销台账等制度的情况，实行商品、食品及食用农产品市场准入制度，保障市场交易主体合法，保障市场交易商品质量安全和食品安全、农产品质量安全。

第三节　其他市场监管

一、拍卖监管

（一）概述

拍卖业是一个古老的行业，最早起源于古巴比伦，到古罗马时期，拍卖业达到第一个高峰。在中国，拍卖业很早就从国外传入，但是新中国成立后，由于计划经济体制的原因，拍卖在中国中断了30余年。随着我国社会主义市场经济体制的建立和完善，拍卖业重获它在经济中应有的地位，发挥其价格发现、公平交易等积极作用。1996年，我国《中华人民共和国拍卖法》（简称《拍卖法》）颁布，标志着中国拍卖业进入规范发展时期。近年来，拍卖业在我国发展迅速，拍卖成交额逐年上升，在市场经济中发挥着越来越重要的作用。随着经济发展、科技进步，市场中还出现了网上拍卖、电子竞价等多种新型拍卖方式，对拍卖监管提出更高要求。

按照《拍卖法》的定义，拍卖是指以公开竞价的形式，将特定物品或者财产权利转让给最高应价者的买卖方式。

与其他交易方式相比，拍卖具备以下特点：

1.拍卖至少需要有两个买主。拍卖就是一个通过竞价方式将拍卖标的以最高价卖出的过程。因此只有存在两个或两个以上买主，拍卖标的才能以竞价的方式被卖出。

2.拍卖需要有不断变动的价格。任何拍卖中，卖主都不会对拍卖标的以固定标价出售，或由买卖双方对拍卖标的讨价还价成交，而是由买主以拍卖人当场公布的起始价为基准，另行报价，直至最后产生最高价为止。

3.拍卖必须有公开竞争的行为。拍卖是由不同的买主在公开场合对拍卖标的竞相出价争购。若所有买主对拍卖物品均无意思表示，没有任何竞争行为发生，将会导致拍卖标的流拍。

（二）主要职责

依据现行《拍卖法》，市场监管部门在拍卖监督管理中，主要查处以下行为：

1.未经许可从事拍卖业务的。

2.拍卖人及其工作人员参与竞买或者委托他人代为竞买的。

3.拍卖人在自己组织的拍卖活动中拍卖自己的物品或者财产权利的。

4.委托人参与竞买或者委托他人代为竞买的。

5.竞买人之间、竞买人与拍卖人之间恶意串通，给他人造成损害的。

6.法律法规及规章规定的其他行为。

由于《拍卖法》关于市场监管部门的拍卖监管职责规定得较为原则，为了贯彻落实《拍卖法》，维护拍卖秩序，规范拍卖行为，2001年1月15日，原国家工商行政管理局公布了《拍卖监督管理暂行办法》

（国家工商行政管理局令第 101 号），于 2001 年 3 月 1 日起施行，对拍卖监管的手段、拍卖当事人各种违法行为的具体情形等问题作了具体规定。随着社会形势变化和拍卖行业发展，《拍卖监督管理暂行办法》先后于 2013 年、2017 年进行两次修订，并于 2017 年更名为《拍卖监督管理办法》。2017 年修订时，着眼于贯彻落实深化"放管服"改革要求，在拍卖监管中通过"双随机、一公开"等方式加强事中事后监管，废除了拍卖备案和现场监拍等制度，并对拍卖人、委托人、竞买人的禁止行为和竞买人之间、竞买人与拍卖人之间恶意串通行为作了规定。2020 年 10 月又进行第三次修订，因机构改革将部门名称修改后重新公布。

二、野生动物交易监管

（一）概述

野生动物保护的历史不长，其前身是野生动物管理。在物质不丰富的时代，野生动物最早作为一种可用资源出现在历史舞台上。早在西周时期，我国就建立了野生动物资源管理的相关制度。通过保护幼小和雌性鸟兽，建立猎捕时节和规矩，禁止灭绝性猎捕和重视人工驯化、养殖等方式，来实现野生动物资源的可持续利用。此后，历朝历代均有相关政策延续。新中国建立后，陆续发布了野生动物资源管理的相关法律法规。1988 年，为保护、拯救珍贵、濒危野生动物，保护、发展和合理利用野生动物资源，维护生态平衡，第七届全国人大常委会第四次会议通过了《野生动物保护法》，自 1989 年 3 月 1 日起施行。这标志着我国的野生动物保护开启了新时代。此后，为适应形势变化，《野生动物保护法》进行了多次修订，现行的《野生动物保护法》系 2016 年修订、2018 年修正。

我国现行的《野生动物保护法》没有对野生动物作出明确定义，第二条规定"本法规定保护的野生动物，是指珍贵、濒危的陆生、水生野生动物和有重要生态、科学、社会价值的陆生野生动物""珍贵、濒危的水生野生动物以外的其他水生野生动物的保护，适用《中华人民共和国渔业法》等有关法律的规定"。2020 年 2 月 24 日，全国人民代表大会常务委员会发布《关于全面禁止非法野生动物交易、革除滥食野生动物陋习、切实保障人民群众生命健康安全的决定》，作出全面禁止以食用为目的猎捕、交易、运输在野外环境自然生长繁殖的陆生野生动物等规定。2020 年 5 月 29 日，农业农村部公布了经国务院批准的《畜禽遗传资源目录》，其中列明了家畜家禽的种类。经国务院批准，国家林业和草原局、农业农村部于 2021 年 1 月 4 日公布最新调整的《国家重点保护野生动物名录》。当前，《野生动物保护法》新一轮修订正在进行，相关规定将进一步调整完善。

（二）主要职责

2016 年 11 月，经国务院批复同意，建立打击野生动植物非法贸易部际联席会议制度。联席会议现由国家林草局、公安部、农业农村部、海关总署、市场监管总局等 27 个部门（单位）组成，国家林草局为牵头单位。

依据现行《野生动物保护法》，市场监管部门主要职责分工如下：

1. 明确由市场监管部门依法查处的违法行为：依法查处网络交易平台、商品交易市场等交易场所为非法经营野生动物及其制品提供交易服务，为非法经营野生动物及其制品发布广告的行为。

2. 由野生动物保护主管部门或者市场监管部门按照职责分工，依法查处的违法行为：一是未经批准出售、购买、利用、运输、携带、寄递以及为食用非法购买国家重点保护野生动物及其制品；二是未持有合法来源证明出售、利用、运输非国家重点保护野生动物；三是生产、经营使用国家重点保护野生动物及其制品以及没有合法来源证明的非国家重点保护野生动物及其制品制作的食品。

此外，依据《全国人大常委会关于全面禁止非法野生动物交易、革除滥食野生动物陋习、切实保障人民群众生命健康安全的决定》，非法食用和以食用为目的的猎捕、交易、运输野生动物的行为，参照适用《野生动物保护法》等现行法律关于同类违法行为的处罚规定进行处罚。

三、旅游市场监管

（一）概述

我国幅员辽阔、历史悠久，具有丰富的自然资源和历史文化资源，这些都为我国旅游市场的发展提供了巨大的基础优势。改革开放以来，随着我国经济的快速发展，人民生活水平显著提升，旅游市场也取得了长足的发展，市场需求不断扩大，很多省份明确提出要建立旅游强省。伴随着旅游市场规模壮大，旅游市场一些不合理不规范的行为也逐渐增多，影响了我国旅游市场的健康发展。同时，规范旅游市场秩序的进程也在加快，旅游市场体系逐步完善，全国各地旅游行业相关管理部门，针对旅游市场中不合理不规范的行为，不断加大力度进行整治，切实加强规范化管理。

为了加强对旅行社的管理，保障旅游者和旅行社的合法权益，维护旅游市场秩序，促进旅游业的健康发展，2009 年 1 月 21 日，国务院第 47 次常务会议通过了《旅行社条例》，自 2009 年 5 月 1 日起施行，并于 2016 年、2017 年两次修订。

2013 年 4 月 25 日，为保障旅游者和旅游经营者的合法权益，规范旅游市场秩序，保护和合理利用旅游资源，促进旅游业持续健康发展，第十二届全国人民代表大会常务委员会第二次会议通过了《中华人民共和国旅游法》（以下简称《旅游法》），自 2013 年 10 月 1 日起施行，并于 2016 年、2018 年两次修订。

（二）主要职责

2014 年 9 月，经国务院批复同意，建立国务院旅游工作部际联席会议制度。联席会议现由文化和旅游部、发展改革委、公安部、交通运输部、商务部、市场监管总局等 20 多个部门组成，文化和旅游部为牵头单位。

依据现行《旅游法》《旅行社条例》，市场监管部门在旅游市场监管中的主要职责有以下几点：一是商事主体登记管理，取缔无照经营；二是旅游价格收费监管，查处价格违法；三是查处旅游行业不正当竞争（如虚假宣传等）、商业贿赂等行为；四是景区特种设备（如客运索道、大型游乐设施等）安全监管；五是旅游合同行政监管；六是景区餐饮食品安全监管，保障饮食安全。需要说明的是，《旅游法》与《旅行社条例》对于"拒不履行合同""虚假宣传"以及欺骗、诱骗旅游者购物或者参加需要另行付费的游览项目等违法行为的主管部门和法律责任规定不一致，引用时还需注意。

四、文物市场监管

（一）概述

我国历史悠久，拥有五千多年灿烂的文明和丰富的文化遗产。习近平总书记指出，"文物承载灿烂文明，传承历史文化，维系民族精神，是老祖宗留给我们的宝贵遗产，是加强社会主义精神文明建设的深厚滋养。保护文物功在当代、利在千秋"。

《中华人民共和国文物保护法》（以下简称《文物保护法》）第二条规定：文物，指具有历史、艺术、科学价值的古文化遗址、古墓葬、古建筑、石窟寺和石刻、壁画；与重大历史事件、革命运动或者著名人物有关的以及具有重要纪念意义、教育意义或者史料价值的近代现代重要史迹、实物、代表性建筑；历史上各时代珍贵的艺术品、工艺美术品；历史上各时代重要的文献资料以及具有历史、艺术、科学价值的手稿和图书资料等；反映历史上各时代、各民族社会制度、社会生产、社会生活的代表性实物。具有科学价值的古脊椎动物化石和古人类化石同文物一样受国家保护。

文物具有以下特性：

1. 客观性。文物属于有形的物质文化遗产，承载着一定时期的历史、艺术、科学信息。

2. 人文性。文物是人类创造的劳动成果，凝结着人类的文化和智慧，体现着特定历史时期的社会生活状况、人类的文化思想及艺术形式。

3. 历史性。文物反映着一定时期的社会生活，带有鲜明的时代特征，在科学研究方面具有独特作用。

4. 不可再生性。每件文物都是独特的，一旦被损毁就不可能再恢复。

早年间，文物收藏、拍卖并未形成系统的市场，更多是在民间文物收藏爱好者之间交流。因为缺少有序的管理和规范，文物市场出现了各种乱象和弊端，不法分子非法从事文物经营，买卖国家禁止的文物，或是售卖假"文物"，坑害消费者，严重危害文物安全，扰乱文物市场秩序，给文物保护带来了许多挑战。随着社会主义市场经济的逐步完善，文物市场的规范管理也提上日程。

1982 年 11 月 19 日第五届全国人大常委会第二十五次会议通过了《文物保护法》，1982 年 11 月 19 日全国人大常委会令第 11 号公布，自公布之日起施行。1993 年后，国家文物局多次发文，就文物拍卖加强规范管理。1996 年 7 月，《拍卖法》颁布，从根本上确认了文物拍卖经营的合法性。

与此同时，为适应社会经济发展，《文物保护法》经过多次修正，最近一次是 2017 年。《文物保护法》也是市场监管部门在文物市场履行职责的主要依据。

（二）主要职责

2010 年 5 月，经国务院批复同意，建立全国文物安全工作部际联席会议制度。联席会议现由文化和旅游部、外交部、公安部、自然资源部、生态环境部、住房城乡建设部、海关总署、市场监管总局、国家文物局等 17 个部门组成，文化和旅游部为牵头单位。

依据现行《文物保护法》，市场监管部门在文物市场监管中，主要查处以下行为：

1. 未经许可，擅自设立文物商店、经营文物拍卖的拍卖企业，或者擅自从事文物的商业经营活动，尚不构成犯罪的。

2. 文物商店从事文物拍卖经营活动的。

3. 经营文物拍卖的拍卖企业从事文物购销经营活动的。

4. 拍卖企业拍卖的文物，未经审核的。

5. 文物收藏单位从事文物的商业经营活动的。

另外，《文物保护法实施条例》第六十二条规定：依照文物保护法第六十六条、第七十三条的规定，单位被处以吊销许可证行政处罚的，应当依法到工商行政管理部门办理变更登记或者注销登记；逾期未办理的，由工商行政管理部门吊销营业执照。

近年来，市场监管部门积极配合文物主管部门，加强文物市场监管，维护文物市场秩序。2017年7月—10月，原工商总局、国家文物局联合开展文物流通市场专项整顿行动，向社会曝光了一批典型案例，有力震慑了非法经营文物的行为。当前，市场监管部门按照《文物保护法》《文物保护法实施条例》以及《国务院关于进一步加强文物工作的指导意见》，中共中央办公厅、国务院办公厅《关于加强文物保护利用改革的若干意见》，《国务院办公厅关于进一步加强文物安全工作的实施意见》等一系列文件的要求，严格履行法定职责，主要通过"双随机、一公开"，加强对古玩（文玩）和旧货市场、文物商店、文物拍卖企业和经营"旧物""古玩（文玩）"等的互联网网站的检查，配合文物部门切实加强文物市场监管，查处相关违法行为，维护文物流通市场秩序。

第四节　改革与展望

一、法律法规制修订

随着社会经济的发展和相关政策法规的日益完善，早年间出台的相关法规规章和规范性文件逐渐不再适合当前的监管环境。近年来，为强化依法监管，防范系统性履职风险，市场监管总局推动废止了一批法规规章和规范性文件，包括：《集贸市场消防安全管理办法》（1994年12月公安部、国家工商局令第19号发布，2014年1月废止）；《关于在市场监管工作中推行市场巡查制的通知》（工商市字〔1998〕第64号，2017年7月废止）；《城乡集市贸易管理办法》（1983年2月国务院公布，2017年3月废止）；《汽车品牌销售管理实施办法》（商务部、发改委、工商总局令 2005 年第 10 号公布，2017 年 4 月废止）；《农业生产资料市场监督管理办法》（2009 年 9 月工商总局令第 45 号公布，2017 年 10 月废止）；《国家工商行政管理总局、中央文明办、中央农村工作领导小组办公室、公安部、国家税务总局关于在农村广泛开展创建文明集市活动的通知》（工商市字〔2010〕56 号，2020 年 11 月废止）；《国家工商行政管理总局、中央文明办、中央农村工作领导小组办公室、公安部、国家税务总局关于印发创建文明集市示范标准的通知》（工商市字〔2010〕227 号，2020 年 11 月废止）；《关于进一步开展创建诚信市场活动的通知》（工商市字〔2011〕110 号，2020 年 11 月废止）；《工商总局关于印发〈柜台租赁经营合同（示范文本）〉的通知》（工商市字〔2013〕203 号，2020 年 11 月废止）；《关于发挥工商职能作用 加强旅游市场监管的指导意见》（工商市字〔2014〕107 号，2020 年 11 月废止）；《关于加强汽车市场监管的指导意见》（工商市字〔2014〕190 号，2020 年 11 月废止）；《关于进一步加强成品油市场监管工作的通知》（工商市字〔2016〕68 号，2020 年 11 月废止）等。

当前，商品交易市场监管的一大挑战还是缺少关于市场开办登记、管理责任的直接法律规定，商品交易市场专门立法仍存在前景不明或过程比较漫长的情况。面对新形势、新任务，市场监管总局将继续推动和参与商品交易市场相关立法；各地市场监管部门应结合实际，对如何开展商品交易市场监管工作进行深入调研、专门研究，有条件的地方还可以推动出台地方性的指导意见，在厘清职责的同时，加强商品交易市场监管。

同时，坚持"权责统一""谁审批、谁监管，谁主管、谁监管""坚持一类事项原则上由一个部门统筹、一件事情原则上由一个部门负责"的立法原则、事中事后监管原则和机构改革原则，积极参与野生动物保护、拍卖、旅游、文物市场监管等领域相关法律法规的修订工作，推动解决部门之间职责交叉、边界不清问题。

二、监管方式创新探索

全国各类市场量大面广，规模不同，管理条件也参差不齐，存在一定的监管风险。因此，根据市场的不同情况，实施分类监管很有必要。早年间，原工商总局曾经推行市场信用分类监管，取得了良好效果。目前，市场监管总局正在研究关于推进企业信用风险分类管理，提升智慧监管能力，拟对不同信用风险的企业实施差异化的监管措施，实现监管资源的合理配置和高效利用，切实提高监管效能，让监管既"无事不扰"又"无处不在"。实施分类监管，首先要进一步梳理市场基本情况，做到底数清、情况明，为实施分类监管提供载体。其次要探索实施智慧监管，综合运用信息技术，借助大数据、"互联网＋"等信息化手段，以数据共享促进高效、协同监管，进一步压实市场主体责任、属地管理责任、条线监管责任等各方责任，形成齐抓共管、减少市场风险和监管风险的工作合力。

各地市场监管部门要进一步深入调研，深化研究，大处着眼，小处入手，因地制宜，勇于探索实践，不断更新监管理念和改进监管方式，继续发挥主观能动性，先行先试更多的商品交易市场监管工作的新思路、新方法，并及时总结形成可复制、可推广的经验做法。

第七章

合同行政监管

第一节　概　述

对合同进行监督管理，是国家管理国民经济的一种重要的法律手段和行政手段。在不同社会制度的国家、不同的历史时期里均有不同的经济合同制度和管理方式方法。

合同是商品经济发展到一定历史阶段的产物，它随着商品经济的发展而发展。在市场经济中，合同是平等民事主体的法人、其他经济组织、个体工商户、农村承包经营户相互之间为实现一定经济目的，明确相互权利义务关系的协议。

合同行政监督管理，指国家授权的合同管理机关在职权范围内，依照法律、行政法规规定的职责，运用指导、协调、监督等行政手段促使合同当事人依法订立、变更、履行、解除、终止合同和承担违约责任，制止和查处利用合同进行的违法行为，维护合同秩序所进行的一系列行政管理活动的总称。它是经济管理工作的一个组成部分。加强合同行政监督管理，对于促进生产发展，执行合同法律法规，维护合同公平，稳定经济秩序，保护当事人的合法权益，制止违法活动，促进我国社会主义市场经济健康而有序发展，都具有十分重要的意义。

一、历史沿革

（一）《经济合同法》颁布前的合同行政监管工作

1978 年 8 月，国务院在关于成立工商行政管理总局的通知中规定，工商行政管理部门的主要工作之一，是管理全民所有制企业和集体所有制企业的购销合同、加工订货合同，调解仲裁合同纠纷。国务院的这一决定，明确了工商行政管理部门管理经济合同的职能。为了迅速地开展工作，从中央到地方各级工商行政管理部门，逐步设立了专门的合同管理机构。工商行政管理总局下设合同局（1982年改为合同司），省级工商行政管理局设合同处，地区级工商行政管理局设合同科，县级工商行政管理局设合同股。到1981年底，全国有26个省，214个地、市和1076个县设立专门的合同管理机构，在全国形成了一个较完整的合同管理系统。

为了加强经济合同的管理工作，工商行政管理总局会同国家经济委员会、中国人民银行，针对经济合同管理工作中亟待解决的一些重要问题，共同起草了《关于管理经济合同若干问题的联合通知》（以下简称《联合通知》），于1979年8月发布实施。《联合通知》规定包括：对供货、产销、加工、运输等经济合同的管理分工，各类经济合同的主要内容，违约方的法律责任以及合同备案、合同鉴证等相关内容。《联合通知》是一系列经济合同立法工作的开始，在合同管理史上具有承前启后的意义。

根据《联合通知》精神，工商行政管理总局按照分工权限，于1980年5月又发布了《关于工商、农商企业经济合同基本条款的试行规定》和《关于工商行政管理部门合同仲裁程序的试行办法》。《试行规定》和《试行办法》是《联合通知》的发展和具体化，成为工商行政管理部门在合同管理试点工作期间的主要法律依据。在部门立法的同时，有些地区结合本地具体情况制定了地方性合同法规。

（二）《经济合同法》时期的合同行政监管工作

1.《经济合同法》的制定颁布

1979年6月，在第五届全国人大第二次会议上，许多代表提出了加快经济立法的建议。全国人大常委会副委员长彭真在第五届全国人大第二次会议上讲话中提到："今后随着经济调整和体制改革工作的进展，需要进一步加强经济立法工作，特别是工厂法、合同法等，必须抓紧拟订。"根据这些要求，1980年10月，在全国人大常委会的主持下，由工商行政管理总局、国家经济委员会牵头，包括国家计划委员会、国家基本建设委员会、国家农业委员会、国家进出口委员会、国务院财贸小组、国防工业办公室、物资管理总局、商业部、外贸部、铁道部、中国人民银行、最高人民法院等14个单位组成了经济合同法起草小组。起草小组在总结新中国30多年来各方面的经济交易活动经验基础上，根据中国的经济制度和经济政策，特别是中共中央十一届三中全会以来的新情况，并借鉴外国有关合同立法的经验，起草了《经济合同法》草稿。

1981年12月13日，第五届全国人大四次会议审议通过了《中华人民共和国经济合同法》（以下简称《经济合同法》），从1982年7月1日开始实施。这是我国改革开放以后，第一部专门调整经济领域内各种经济交易活动关系的重要法律，是我国第一部比较完整系统的经济合同法，是正确处理我国经济合同关系的主要准则，它标志着我国以经济建设为中心的改革开放开始步入法制轨道。它的颁布实施，对于保护经济合同当事人的合法权益，维护社会经济秩序，提高经济效益，促进社会主义现代化建设的发展，具有重要意义。

根据《经济合同法》的有关规定，1982年4月，国务院批转国家经济委员会、国家工商行政管理局、国务院经济法规研究中心《关于对执行经济合同法若干问题的意见的请示》，明确了从中央到地方各级工商行政管理部门统一管理经济合同。其主要任务，一是指导和督促检查有关部门和当事人管理好本单位本系统的经济合同；二是确认无效经济合同，查处利用经济合同进行违法活动的案件；三是调解、仲裁经济合同纠纷。

工商行政管理部门对经济合同的统一管理，主要是指从政策上、制度上加强集中统一性，避免多头管理时出现不协调，相互矛盾和适用法律不一致的情况，以消除管理工作中的混乱现象，理顺各种经济合同关系。根据《经济合同法》和国务院的有关文件精神，我国的经济合同管理结构由传统的各自为政的格局，转为各级工商行政管理机关统一管理、业务主管部门和金融部门协同管理、企业进行自我管理的全方位、多层次的"三位一体"管理体系。

2.《经济合同法》的修改

随着改革的发展和深化，《经济合同法》中的有些规定已不适应形势发展的要求。特别是党的十四大把建立社会主义市场经济确定为经济体制改革的目标，第八届全国人大第一次会议通过宪法修正案以后，问题更加突出，《经济合同法》必须进行修改。根据国务院1987年的立法计划，《经济合同法》修订工作小组于1987年11月11日成立，并经过深入调研、广泛征求各方面的意见，形成了修改方案。第八届全国人大常委会第二次会议、第三次会议经过两次审议，于1993年9月2日作出了《关于修改〈中华人民共和国经济合同法〉的决定》。《经济合同法》修订后，安徽、辽宁、贵州、山东、山西、宁夏、天津、广州等地均制定或修改了合同管理条例。至1998年底，大部分省市已制定了合同管理法规，有力地保障了合同监督工作的开展。

修改后的《经济合同法》将"无效经济合同的确认权，归合同管理机关和人民法院"修改为"经济合同的无效，由人民法院或仲裁机构确认"。工商行政管理部门对无效经济合同的确认权，随着修改后的《经济合同法》的施行而终止。

《经济合同法》修订后的几年内，工商部门的合同监管职能几经变化。1994年，国家工商行政管理局进行机构改革，将内设机构的经济检查司和经济合同司合并，成立公平交易局，同年1月5日，国务院对国家工商行政管理局下达的"三定"方案规定经济合同管理职

责为："依法监督管理经济合同，指导合同仲裁机构的工作。"1998 年
6 月 17 日，国务院对国家工商行政管理局下达了新的"三定"方案，
规定经济合同管理的主要职责为："组织实施经济合同行政监管，组织
查处合同欺诈行为，组织管理动产抵押物登记，组织监管拍卖行为。"

随着社会主义市场经济体制逐步确立，经济合同已渗透到各类市
场，通过经济合同监管工作参与这些市场的监督管理，已成为工商行
政管理部门全面监管我国社会主义统一大市场的基本职能。

（三）《合同法》时期的合同行政监管工作

随着我国经济体制改革的进一步深入和对外开放的不断扩大，我
国合同立法也随之发展。除《民法通则》《经济合同法》《涉外经济合
同法》和《技术合同法》对合同作了专门规定外，我国还在《商标法》
《专利法》《著作权法》《铁路法》《海商法》《担保法》《保险法》和《民
用航空法》等法律中对有关合同作出了规定。但是，随着经济贸易的
发展和合同纠纷的增多，我国在合同法律制度上存在的问题也日益暴
露出来。为此，全国人大常委会法制工作委员会从 1993 年 10 月着手
进行《中华人民共和国合同法》（以下简称《合同法》）的起草工作，
1997 年 5 月起向全国征求意见，1999 年 3 月 15 日，第九届全国人民
代表大会常务委员会第二次会议通过了《合同法》。

为了落实合同监管职能，2000 年 12 月 1 日，国家工商行政管理
局第 97 号令对 1995 年 11 月 17 日发布的《关于查处利用合同进行的
违法行为的暂行规定》重新进行了修订。全国各省市在加强调查研究
的基础上，积极协助地方人大、政府制订合同监管实施办法等地方性
法规、规章制度。

2008 年，由于《投机倒把行政处罚暂行条例》废止，《关于查处
利用合同进行的违法行为的暂行规定》也被废止，工商行政管理部门

当时对合同违法行为的监督处理既无法律法规级的规范，也无规章级的规范，合同监管处于没有全国统一执法依据的状态。因此，原工商总局在 2010 年颁布实施了《合同违法行为监督处理办法》（2010 年 10 月 13 日工商总局令第 51 号公布，2021 年市场监管总局令第 34 号修改），对以欺诈、胁迫、贿赂、恶意串通等手段订立合同和经营者利用格式合同免除自身责任、加重消费者责任、排除消费者权利等危害国家利益、社会公共利益的行为作出了禁止性规定。该办法是目前全国市场监管部门开展合同行政监管工作的最主要执法依据。

但近年来，经营活动中各类合同行为日趋活跃，全社会合同意识不断增强，《合同违法行为监督处理办法》中的一些规定已不能满足当前监管工作的需要，尤其随着 2021 年 1 月 1 日《中华人民共和国民法典》（以下简称《民法典》）施行，《合同法》同时废止，亟需通过修改《合同违法行为监督处理办法》进一步推进合同行政监管工作。2021 年年初，市场监管总局将修改《合同违法行为监督处理办法》列为部门规章第一类立法项目，根据《民法典》第五百三十四条及有关法律法规的规定，结合近年来合同行政监管工作实践，在经过前期课题研究、走访调研的基础上，目前已开展修订工作，并已形成《合同行政监督管理办法》（征求意见稿）。

除了打击合同违法行为以外，合同行政监管工作还包括了开展"守合同重信用"企业公示活动、制定推广合同示范文本、合同纠纷行政调解、"合同帮农"以及按照《担保法》《物权法》有关规定开展的动产抵押登记工作（根据《国务院关于实施动产和权利担保统一登记的规定》（国发〔2020〕18 号）要求，自 2021 年 1 月 1 日起，生产设备、原材料、半成品、产品等动产抵押登记职责由人民银行承担，市场监管部门不再受理动产抵押登记的设立、变更、注销申请）。

二、合同行政监管工作的必要性

市场经济是契约经济。在市场经济体制下，人们的生产经营、生活消费都需要通过订立和履行合同来达成。合同关系的健康状况，影响着每一个社会成员的利益。当前我国社会主义市场经济体制初步建立，在通过市场配置资源的同时，市场的无序性也相伴而生，具体表现为：合同欺诈等损害国家利益、社会公共利益的违法行为屡禁不止；经营者利用不公平格式条款侵害消费者合法权益的行为层出不穷；因当事人合同责任意识缺失导致的恶意违约行为屡见不鲜。因此，迫切需要政府部门通过强化合同行政监督管理来维护市场经济秩序。

受西方契约自由思想的影响，现在社会上存在着"行政监管破坏合同意思自治"的片面认识。对此，我们要有清醒的头脑，要正确把握"意思自治"与适度行政干预之间的辩证关系。在现实生活中，尤其是在各种市场中，由于信息的不对称、市场资源配置的不平衡等原因，合同双方当事人的地位往往是不平等的。在这样的情况下，处于弱势一方的当事人必然无法在订立合同时充分表达其意志，其合同自由当然无从保证。市场监管部门对合同关系的适度干预，不是破坏"意思自治"，而是为了更好地实现"意思自治"；完全不受行政约束的合同"意思自治"有着严重的危害性。政府部门有必要通过行使合同行政监管职能，对处于优势一方的合同当事人的行为加以限制，从而保护合同弱势方的合法权益，使合同自由、"意思自治"的原则充分发挥作用。

《民法典》合同编第五百三十四条明确规定："对当事人利用合同实施危害国家利益、社会公共利益行为的，市场监督管理和其他有关行政管理部门依照法律、行政法规的规定负责监督处理。"根据这一规定，市场监管部门对合同领域的干预，主要针对危害国家利益和社会公共利益的合同违法行为。具体来说，市场监管部门要针对危害市场秩序、危害交易安全、损害弱势方利益的合同违法行为实施监督管理。这是《民法典》赋予市场监管部门的法定职责，是维护国家利益、社会公共利益的客观需要。

第二节　合同行政监管工作的内容

一、合同违法行为监督处理

（一）法律依据

《民法典》第五百三十四条对市场监管部门的合同行政监管职责作出了规定。国务院 2018 年印发的关于《国家市场监督管理总局职能配置、内设机构和人员编制规定》规定，市场监管总局网监司"依法组织实施合同监督管理"。上述法律法规都明确规定了市场监管部门的合同行政监管职责。2010 年原工商总局颁布实施了《合同违法行为监督处理办法》，全国各级市场监管部门依据相关法律法规以及《合同违法行为监督处理办法》的规定，对各类合同违法行为进行监督处理。

（二）市场监管部门查处合同违法行为的范围

根据《民法典》中关于行政管理部门对利用合同危害国家利益、社会公共利益的违法行为监督处理的规定精神，《合同违法行为监督处理办法》以合同违法行为是否危害国家利益、社会公共利益为基本标准，确定市场监管部门对违法合同行为监督处理的界限。其中对合同违法行为危害特定他人利益等公权力不宜介入的部分给予了排除；将危害国家利益或社会公共利益（如不特定消费者）的合同违法行为，确定为政府部门（市场监管部门）应依法进行监督处理的对象。《合同违法行为监督处理办法》规定市场监管部门主要对以下三类利用合同实施的危害国家利益、社会公共利益的违法行为进行监督处理：第一，利用合同，以非法占有为目的，用虚构事实或者隐瞒真相的方法骗取财物，即合同欺诈；第二，利用合同，采用贿赂、胁迫、恶意串通等方法，牟取非法利益；第三，经营者利用合同格式条款，免除自身责任、加重消费者责任、排除消费者权利。

（三）合同违法行为的特征

归纳起来，市场监管部门负责监督处理的合同违法行为应具备以下特征：

1. 合同违法行为应当是市场行为

市场监管部门的主要职责是维护市场秩序，保障交易安全。只有当实施的合同违法行为是一种市场行为时，该行为才有可能对市场秩序造成损害，市场监管部门作为公权力才有必要对该合同违法行为进行查处。对于非市场行为的合同行为，其危害性一般仅限于合同当事人之间，不需要国家公权力的主动介入。

2. 合同违法行为的客体应当为不特定群体

合同违法行为只有损害到国家利益或者社会公共利益时，公权力才有必要介入。对于社会公共利益，我国法律并未作出明确的界定。但是按照一般理解，社会公共利益应当是社会全部或者部分公众依法应当普遍享有的利益。基于此，只有当一个市场主体的合同违法行为有可能损害到不特定对象的合法权益时，才会构成对社会公共利益的损害，典型的例子如商家所使用的含有不公平条款的格式合同，可能会损害到所有消费者的合法权益。对于这样的合同违法行为，由于其侵害的对象范围较广，会对市场经济秩序造成损害，因此市场监管部门必须依法对其进行监督处理。

3. 合同违法行为人的主观心态必须是恶意

恶意是指合同违法行为主体实施该行为时，明知或应当知道其行为会对国家利益或社会公共利益造成损害，仍故意而为之。《合同违法行为监督处理办法》第二条规定，合同违法行为应当是"以牟取非法利益为目的"。对于各种类型的合同违法行为，不论是欺诈、胁迫，还是贿赂、恶意串通，其行为人的主观心态必须是恶意，才能够构成相应的合同违法行为。

（四）不公平格式条款监管

近年来，全系统按照市场监管总局部署，针对重点行业和领域不公平格式条款侵害消费者权益行为连年开展整治，同时积极巩固以往格式条款专项行动取得的成果，及时纠正和规范了一批不公平格式条款，将格式条款监管打造成市场监管和行政执法工作的新亮点，获得了社会各界的好评。

1. 格式条款的定义

根据《民法典》第四百九十六条规定，格式条款是当事人为了重复使用而预先拟定，并在订立合同时未与对方协商的条款。在具体工作中，经营者利用格式条款不与对方协商的特性，强迫对方接受自己的意思表示，侵害消费者权益的行为，是市场监管部门不公平格式条款监管工作的主要对象。

2. 不公平格式条款侵害消费者权益行为表现形式

格式条款具有统一交易条件、减少磋商时间、节约交易成本、预测和控制风险、增进交易安全的优点，得以迅速在众多行业和领域内得到推广运用，尤其在公共服务行业被普遍运用。然而，在现今社会经济状况下，经营者往往利用其优势地位通过格式条款将自己的意思强加给消费者，从而损害对方的利益。《合同违法行为监督处理办法》第九条、第十条、第十一条对经营者利用格式条款免除自己责任、加重消费者责任、排除消费者权利等三类侵害消费者权益的行为作出了禁止性规定。

（五）对合同违法行为进行监督处理的手段

对于各类合同违法行为的处理，《合同违法行为监督处理办法》第十三条规定"当事人合同违法行为轻微并及时纠正，没有造成危害后果的，应当依法不予行政处罚；主动消除或者减轻危害后果的，应当依法从轻或者减轻行政处罚；经督促、引导，能够主动改正或者及时中止合同违法行为的，可以依法从轻行政处罚"的处理原则。关于具体罚则，第十二条依照《行政处罚法》的有关规定，作出了"法律法规已有规定的，从其规定；法律法规没有规定的，工商行政管理机关视其情节轻重，分别给予警告、处以违法所得额三倍以下，但最高不超过三万元的罚款，没有违法所得的，处以一万元以下的罚款"的规定。由于以欺诈、胁迫、贿赂等手段订立合同的行为有可能同时触犯《刑法》的规定，《合同违法行为监督处理办法》第十四条规定"违反本办法规定涉嫌犯罪的，市场监管部门应当按照有关规定，移交司法机关追究其刑事责任"。

二、合同示范文本制定推广

（一）合同示范文本概述

合同是市场交易最基本的形式和最重要的载体，大量市场交易秩序混乱问题往往源于合同订立时埋下的隐患。而通过合同示范文本的制定推广来规范引导合同订立行为，是从源头上规范市场交易秩序的有效方式。合同示范文本是指行政机关为了规范、引导合同当事人的签约履约行为，根据《民法典》和相关法律法规的规定，制定并推广的供当事人订立合同时参照使用的合同文本。《民法典》第四百七十条第二款规定，"当事人可以参照各类合同的示范文本订立合同"。2015 年，原工商总局出台了《关于制定推行合同示范文本工作的指导意见》（工商市字〔 2015 〕178 号），对市场监管部门制定推行合同示范文本工作的基本原则、制定程序等作出了具体规定。

在现实的经济生活中，合同当事人由于受到文化水平、专业能力、法律知识以及对利益的追求等方面因素的影响，其拟定的合同一方面可能未能对双方的权利义务进行全面确定；另一方面可能会产生权利和义务的不对等、不平衡。因此，需要有关部门根据相关法律法规的规定，依照现实经济活动中的实际，从公平公正的角度出发，制订合同示范文本。合同示范文本一方面可以使合同当事人在签约过程中对合同的结构、基本权利义务条款以及行业内的通行做法有所参照，另一方面其不具备强制性，可以有效保证当事人的签约自由。

（二）合同示范文本的特点

一般来说，市场监管部门制定、发布的合同示范文本具有规范性、完备性、适用性、程序性和非强制性等特点。

规范性是指合同示范文本必须是依法制定，并针对不同行业的特点，结合相关领域法律法规以及部门规章的各项规定，对当事人的签约行为具有规范和指导作用。

完备性是指合同示范文本的制定需要全面涵盖当事人在签订合同中可能发生的常见问题，并依照法律法规的规定，将签订合同的必要条款明列出来，保障合同条款完备。

适用性是指合同示范文本归纳了其所针对行业的各种类型合同，充分考虑到不同人群、不同交易习惯订立、使用合同的需求，因而可以广泛适用。

程序性是指合同示范文本需要由市场监管部门单独或者会同行业主管部门，经一系列严格程序才能够制定并向社会公布。

非强制性是指合同示范文本并不能强制当事人使用，因此合同示范文本中必须为合同当事人留足自由约定的空间，同时合同当事人可以结合自己的情况对合同示范文本的条款进行改动。

（三）合同示范文本的制定

1. 合同示范文本的制定主体

一般来说，合同示范文本应当是由市场监管部门制定或者市场监管部门与相关行业主管部门联合制定。由于不同行业的合同往往包含大量的专业知识，因此与行业主管部门联合制定，可以有效地保证合同示范文本的专业性；同时，市场监管部门作为市场监管者，其地位相对中立，有利于保证合同示范文本中权利义务的公平公正。

2. 合同示范文本的制定程序

为了保证合同示范文本的高质量，合同示范文本的制定必须经过一系列严格的程序，其中包括调研、专家学者论证、公开征求意见等。一份合同示范文本往往经过反复修改论证之后，才会向社会发布，供当事人参照使用。

（四）合同示范文本的推广

市场监管部门制定的合同示范文本一般应当主动公开，供当事人参照使用。合同示范文本的推广是一种行政指导行为，通过合同示范文本的引导、示范作用，来促使合同当事人自觉规范签约履约行为。

市场监管部门通过柔性的手段来推行合同示范文本，但不参与合同当事人使用合同示范文本订立合同的过程，当事人可以根据实际情况对合同条款进行相应的修改。对于当事人使用合同示范文本订立的合同中关于合同条款解释的争议，应当按照当事人订立合同时的约定或者相关法律的规定处理，市场监管部门不负责对当事人订立的合同条款进行解释。

第三节　改革与展望

市场监管部门要认真贯彻落实和践行习近平新时代中国特色社会主义思想，不断创新市场监管工作新机制，进一步履行合同行政监管职能，不断拓宽合同监管的方式方法，维护市场秩序，营造发展环境，服务我国经济建设和社会建设。

一、完善立法工作

经过反复修改，《民法典》最终在第五百三十四条保留了市场监管部门负责查处合同违法行为的规定，这是国家立法层面对市场监管部门多年来开展合同行政监管工作的肯定。下一步，市场监管部门要以《民法典》的实施为契机，进一步完善合同行政监管立法立规工作，厘清职责边界，强化履职责任，提升执法效能，切实保障合同行政监管工作的有效开展。

二、借助外脑，提升合同行政监管工作专业性

随着我国经济的发展，各种新兴业态不断涌现，市场中的新型合

同行为层出不穷，随之产生的合同违法行为也更加隐蔽、更加专业，对合同行政监管工作提出了更高的要求。在监管人员有限、工作任务繁重、专业知识不足的情况下，各级市场监管部门在工作中要多借助第三方专业力量提升监管专业性，如通过合同监管评审委员会对难点问题进行评审、开展专项课题研究等方式，确保合同行政监管工作的专业性。

三、注重行政执法与行政指导相结合

在工作中要进一步发挥行政指导手段的作用，采用柔性监管方式化解执法阻力，提升执法效果。可以将制定推行合同示范文本与合同违法行为监督处理工作结合起来，推荐合同当事人参照示范文本订立合同，引导规范当事人签约履约行为，增强社会合同法律意识，维护各方当事人权益，矫正不公平格式条款，从而达到规范市场交易秩序的目的。

第八章

消费者权益保护

第一节 概　述

做好消费者权益保护工作，必须对"消费"和"消费者"的概念有基本认识，同时还要了解和掌握消费者的权益具体包括哪些内容以及国家关于消费者权益保护的相关法律规定。本节将对以上问题进行解答，同时还对消费者权益保护工作的地位和作用、消费者权益保护理念更新等内容进行简要介绍。

一、消费、消费者、消费者权益

（一）消费的概念

消费是社会再生产过程中的一个重要环节，是社会再生产过程的终点和归宿，也是最终环节。广义的消费包括生产消费和生活消费两大类，涵盖了人类生产生活领域的一切消费行为；狭义的消费特指为满足生活需要而对物质资料和精神产品的消耗。消费同投资、出口一起，被称为拉动经济增长的"三驾马车"。

（二）消费者

1978年，国际标准化组织消费者政策委员会将消费者定义为"为了个人目的购买或使用商品和接受服务的个体社会成员"。2015年12月，联合国大会最新修订的《联合国保护消费者准则》明确"消费者通常指主要为个人、家庭或家居目的而消费的自然人"。《消费者权益保护法》第二条规定："消费者为生活消费需要购买、使用商品或者接受服务，其权益受本法保护；本法未作规定的，受其他有关法律、法规保护。"可见，法律意义上的消费者应具有以下特征：

1.消费者的消费性质属于生活消费。不同于经营者购买商品或接受服务是用于生产需要，消费者购买商品或接受服务是为了满足生活需要。

2.消费者的消费方式包括购买、使用商品或接受服务。消费者的消费类型分为物质消费和精神消费，不仅包括购买商品和服务的人，还包括使用商品或接受服务的人。

3.消费者是自然人。从《消费者权益保护法》规定来看，对于消费者的概念是否包括法人没有明确规定，但实践中，消费者一般仅指自然人。

（三）消费者权益

消费者权益是指消费者在消费行为中所享有的各类法定权利和利益。消费者的权利是消费者利益的前提和基础，消费者利益是消费者权利的表现和延续。消费者权益的核心是消费者权利，包括安全权、知情权、自主选择权、公平交易权、获取赔偿权、结社权、受教育权、监督权以及人格尊严和民族风俗习惯受尊重权等。

二、消费者权益保护法律制度

消费者权益保护法律制度内涵十分丰富，除了《消费者权益保护法》专门法律外，还包括《宪法》《民法典》《产品质量法》《食品安全法》《反不正当竞争法》等一系列法律、行政法规、地方性法规、自治条例和单行条例及相关司法解释等。

（一）法律

1.宪法

宪法是我国的根本大法，一切法律、行政法规、地方性法规、自治条例和单行条例都不得同宪法相抵触,《宪法》中很多条文都是其他法律的依据,比如,《宪法》中的言论、出版、集会、结社、游行、示威自由和人身自由、人格尊严不受侵犯的权利,以及受教育权等规定,是《消费者权益保护法》中消费者安全权、监督权、受教育权的宪法依据,也是《消费者权益保护法》的立法依据。

2. 消费者权益保护法

《消费者权益保护法》是我国保护消费者权益的"基本法",在整个消费者权益保护法律体系中处于中心地位,它以专章规定消费者的权利以及经营者的义务,规定经营者与消费者进行交易时应当遵循自愿、平等、公平、诚实信用的原则,还以专章规定了消费者组织的法律地位和消费纠纷争议的解决途径等内容。该法对规范经营者的行为,维护社会经济秩序,促进我国社会主义市场经济健康发展具有十分重要的意义。

3. 其他与消费者权益保护有关的法律

除《消费者权益保护法》外,全国人大及其常委会还制定了一系列与消费者权益保护有关的法律,主要包括:一是《民法典》,《民法典》在总则编、物权编、合同编、人格权编及侵权责任编等编章中均有对消费者权益保护的相关规定;二是商品与服务质量相关法律,如《产品质量法》《标准化法》等;三是消费者安全保障相关法律,如《食品安全法》《农产品质量安全法》《药品管理法》等;四是消费者公平交易相关法律,如《反垄断法》《反不正当竞争法》《价格法》等;五是消费者权利救济相关法律,如《民事诉讼法》《仲裁法》等。

(二)法规

1. 与消费者权益保护有关的行政法规

行政法规的制定主体是国务院,效力仅次于宪法和法律,高于部门规章和地方性法规，一般以条例、办法、实施细则、规定等形式组成。与消费者权益保护有关的行政法规主要包括《标准化法实施条例》《计量法实施细则》《食品安全法实施条例》，以及即将出台的《消费者权益保护法实施条例》等。

2. 与消费者权益保护有关的地方性法规、自治条例和单行条例

省、自治区、直辖市的人民代表大会及其常务委员会根据本行政区域的具体情况和实际需要，在不同宪法、法律、行政法规相抵触的前提下，可以制定地方性法规。民族自治地方的人民代表大会有权依照当地民族的政治、经济和文化的特点，制定自治条例和单行条例。目前，全国 31 个省、自治区、直辖市均制定了实施消费者权益保护法办法、消费者权益保护条例等地方性法规。

（三）规章

1. 与消费者权益保护有关的部门规章

国务院各部、委员会、中国人民银行、审计署和具有行政管理职能的直属机构，可以根据法律和国务院的行政法规、决定、命令，在本部门的权限范围内，制定规章。如市场监管总局公布的《市场监督管理投诉举报处理暂行办法》，人民银行公布的《中国人民银行金融消费者权益保护实施办法》等。

2. 与消费者权益保护有关的地方政府规章

省、自治区、直辖市和设区的市、自治州的人民政府，可以根据法律、行政法规和本省、自治区、直辖市的地方性法规，制定地方政府规章。

三、消费者权益保护工作的地位和作用

（一）保护消费者合法权益

党的十九大报告指出，带领人民创造美好生活，是我们党始终不渝的奋斗目标。消费者权益是公民权益的重要组成部分，每个人都是消费者，每天都要消费商品或者接受服务，消费维权工作事关人民群众切身利益。从某种意义上说，保护消费者权益就是解决人民群众最关心、最直接、最现实的利益问题，是贯彻落实以人民为中心发展思想的具体体现。

（二）营造安全放心的消费环境

随着我国社会主要矛盾的转化，人民对美好生活的需要日益多样化、多层次、多方面，不仅对物质文化生活提出更高要求，也包含人民对消费环境的更高要求和期待。目前，我国消费环境的改善与人民群众消费能力的提高还不完全匹配，消费维权工作与广大消费者的期待还存在一定差距。安全放心的消费环境是消费者积极消费的前提，及时有效保护消费者权益是消除消费者顾虑的关键。做好消费维权工作，增强消费者信心，使消费者能消费、愿消费、敢消费是当前工作的重要任务。

（三）促进社会和谐稳定

消费维权无小事，小事处理不好会发酵为大事，一个普通纠纷有可能上升为影响社会和谐稳定的大事件。消费者对个别经营者的不满，容易上升为对整个行业的质疑，进一步还会上升为对政府的信任危机。尤其是随着网络消费、预付式消费快速发展，有的消费纠纷涉及人数成千上万，处置不当很容易演变为群体性事件。做好消费者

权益保护工作，进一步畅通消费者诉求表达、矛盾化解和权益维护渠道，有利于促进社会和谐稳定。

（四）发挥消费对经济增长的基础性作用

目前，我国经济已经由高速增长阶段向高质量发展阶段转变，2019年，消费对经济增长贡献率57.8%，连续6年成为经济增长第一拉动力。党的十九大报告指出，要完善促进消费的体制机制，增强消费对经济发展的基础性作用。做好消费者权益保护工作，有利于加快完善促进消费体制机制，增强消费对经济发展的基础性作用。

四、消费者权益保护理念更新

第十三届全国人大第一次会议通过国务院机构改革方案，决定组建国家市场监督管理总局，加强市场综合监管。此次机构改革，原本相对分散的消费者权益保护职能更加集中统一，贯穿生产、流通、消费的全过程，市场监管部门保护消费者权益的责任更加重大。面对新形势、新任务，需要坚持以人民为中心的发展思想，不断更新消费维权工作理念，切实做好消费维权各项工作，维护好消费者合法权益。

（一）正确处理政府治理和社会共治的关系

完善我国社会主义市场经济体制，核心是处理好政府和市场的关系，既让市场这只"看不见的手"在资源配置中起决定性作用，又更好发挥政府这只"看得见的手"的作用。实现这一目标，关键是转变政府职能。当前在消费维权领域，市场主体高速增长，新业态、新消费层出不穷，产业链日益复杂精细，消费需求不断增长升级，消费者的要求不断提高，这需要跳出政府大包大揽、单打独斗的治理模式。

政府要统筹协调好消费维权工作，积极构建政府监管、企业自治、行业自律、社会监督、消费者参与的社会共治格局，注重发挥消协、行业协会、新闻媒体、公益组织等社会组织作用，实现治理主体多元化。事实上，社会共治理念贯穿于消费维权各项工作，从放心消费创建、12315"五进"、"一会两站"、消费投诉公示、两项维权制度，到消费提示警示、消费教育引导、公益诉讼、消费者评议等，都是社会共治理念在消费维权领域的重要表现形式。

（二）正确处理市场监管和企业自律的关系

市场是由消费者和经营者共同构成的，两者互相依存、缺一不可。一方面对经营者来说，消费者需求是开展生产经营活动的前提，离开了消费者的支持，企业不可能生存发展，市场秩序也得不到有效维护，建设良好的营商环境更是无从谈起；另一方面，强化经营者自律，也是维护消费者权益、减少不和谐因素、降低执法资源消耗最有效的方式。因此，必然强调经营者是消费维权第一责任人，充分落实经营者的主体责任。当然，强调企业自律，并不是弱化政府监管部门的作用，市场监管部门要做好消费维权制度设计，协调有关方面发挥合力，促进消费环境的持续改善；监督经营者履行法定义务，落实消费维权主体责任；加强监管执法，严厉查处制售假冒伪劣商品、虚假宣传、滥用市场支配地位等侵害消费者权益违法行为，督促企业守法经营，确保市场公平竞争。

（三）正确处理综合监管部门和行业主管部门的关系

《消费者权益保护法》第三十二条规定，各级人民政府工商行政管理部门和其他有关行政部门应当依照法律、法规的规定，在各自的职责范围内，采取措施，保护消费者的合法权益。这既说明市场监管部门是《消费者权益保护法》的主要执法部门，也说明其他有关行政部门具有保护消费者权益的法定职责。消费维权不仅是市场监管部门几十年来的重要工作，更是各级政府的全局工作。消费者权益保护工作涉及各行各业，需要各部门共同发力。市场监管部门一方面要与党委政府中心工作合拍共振，充分发挥消费维权服务全局的功能，敢于担当，依法依职责发挥消费维权牵头作用，做消费维权社会共治体系的牵头者和主导者；另一方面，也要强化部门协作，通过召开部门协作会议，开展专项整治行动等，发挥各部门执法合力，积极构建综合监管与行业监管优势互补、相互促进的格局。

（四）正确处理传统维权方法和现代智慧监管的关系

传统的热线电话、线下调解、日常巡查、专项执法等监管和维权方式曾经发挥了巨大作用，但是随着新一轮科技革命和产业变革到来，市场监管部门的监管服务对象、行为等发生了很大变化，监管服务方式也应当随之改革。尤其是传统的一些消费维权方式相对而言效率较低，消费者维权成本过高，标本兼治效果不太理想，亟待转型升级。这就需要敏锐捕捉时代变化，贯彻智慧监管和"互联网＋政务服务"理念，运用大数据、互联网、云计算等，不断提高消费维权智能化水平，推动"互联网＋消费维权"。将监管过程中形成的数据作为重要的公共资源，加强靶向式监管执法，提高消费预警、风险防控、约谈指导能力；把信用信息作为引导市场主体自主交易、消费者自主选择、行政部门分类监管和联合奖惩的重要依据；把能够上网办的事情都放在网上办，降低消费者维权成本，提高透明度，提升行政效率。

（五）正确处理事先预防和事中事后监管的关系

消费维权工作头绪繁多，消费维权人员和资源相对不足，尤其是市场监管部门组建以后，消费维权领域更广、任务更重，怎样把有限的执法资源效益最大化是重要命题。实践中，基层市场监管部门大量执法资源用在了事后调解上，但查处违法行为、事先预防还不够。这就需要进一步厘清政府和市场、社会的边界，区分民事责任和行政责任，建立消费纠纷多元化解决机制，更多发挥社会组织调解、专业调解、人民调解、司法程序等作用，注重发挥电商平台等经营者和解纠纷的作用，避免过度陷入行政调解的事务性工作。尤其要在防范和化解消费纠纷上下功夫，通过创新体制机制扩大维权网络社会覆盖面，把消费纠纷矛盾和解在企业、化解在基层、解决在源头。

第二节　消费环境建设

一、消费环境建设的内涵

综合来看，消费环境是指消费者在购买商品或接受服务时必不可少的外部影响因素，包括物质因素和非物质因素，包括自然生态条件、人工物质基础、社会文化氛围，涵盖生产、流通、消费全过程。消费环境概念的外延比较广泛，包括物质环境、自然环境、法制环境、市场环境、政策环境、教育环境、科技环境、社会文化环境、国际环境等，与市场监管密切相关的主要是：制度环境、监管环境、社会文化环境等。营造宽松便捷的市场准入环境、公平有序的市场竞争环境和安全放心的市场消费环境是市场监管工作的主要目标，《"十三五"市场监管规划》强调把维护消费者权益放在市场监管的核心位置。

党中央、国务院高度重视消费者权益保护和消费环境建设工作。

党的十九大报告指出，"完善促进消费的体制机制，增强消费对经济发展的基础性作用"。《中共中央关于坚持和完善中国特色社会主义制度 推进国家治理体系和治理能力现代化若干重大问题的决定》指出，"强化消费者权益保护"。《中共中央 国务院关于完善促进消费体制机制 进一步激发居民消费潜力的若干意见》要求"创建安全放心的消费环境"。《中共中央关于制定国民经济和社会发展第十四个五年规划和二〇三五年远景目标的建议》明确要求，"改善消费环境，强化消费者权益保护"。

二、消费者权益保护社会共治

保护消费者合法权益是全社会的共同责任，需要积极构建政府监管、企业自治、行业自律、社会监督、消费者参与为一体的消费维权社会共治格局。开展放心消费创建工作是推进消费者权益保护社会共治的重要方式。放心消费创建不是简单的争创类活动，更不是搞行政摊派的政绩工程，而是贯彻社会共治理念的总抓手，其主要内容是以提高消费环境安全度、经营者诚信度和消费者满意度为目标，积极指导各地加大放心消费创建工作力度，形成放心消费创建合力，推动建立政府监管、企业自治、行业自律、社会监督、消费者参与为一体的消费维权共治格局，促进消费环境的持续改善。在具体实施上，不断丰富创建活动的内涵，以放心消费示范企业、放心消费示范行业、放心消费示范街区（商圈）、放心消费示范景区等为载体，推动企业、行业、街区、商圈、景区等多主体、多层次的创建，实现创建活动从单一品牌向品牌集聚区延伸、单一企业向全行业延伸、从线下向线上延伸、从城市向农村延伸。把放心消费创建工作与消费者满意度测评工作结合起来，不断总结完善消费者满意度指标体系，形成常态化的发布机制，推动消费维权工作深入开展。

三、落实经营者主体责任

全面落实经营者首问制度，建立"谁生产谁负责、谁销售谁负责、谁提供服务谁负责"的责任制。鼓励引导电商平台、大型商场、超市等建立赔偿先付制度，并以有效方式向社会公开，有效促进消费纠纷源头化解，降低消费者维权成本。依法指导、督促电商平台企业落实主体责任和义务，厘清行政监管与平台自治的边界，强化平台治理，压实网络经营主体责任。强化行政指导，督促市场开办者落实维护市场经营秩序、保护消费者权益、保障商品质量方面的义务责任。持续加强合同行政监管工作，防止经营者利用合同格式条款侵害消费者合法权益，强化经营者诚信经营和履约意识。落实网络购买商品七日无理由退货制度，推动线下购物七日无理由退货工作。充分发挥有关行业组织自我管理、自我规范、自我净化的作用，规范会员行为，共同营造安全放心的消费环境。

四、消费者权益保护部门协作

面对层出不穷的新兴消费业态，传统监管方式已经很难适应，更不是单一某个部门就能管得住、管得好的。在相关职能部门之间建立健全消费维权工作信息共享、协同配合、联动响应的协作机制，形成消费维权的合力至关重要。建立协作机制，形成工作合力，一方面需要各部门根据法律法规，在各自职责范围内及时受理和依法处理消费者诉求，打击侵害消费者合法权益的违法行为。另一方面还要充分发挥消费者权益保护部门协作机制作用，加快各部门、各行业之间消费维权信息共享，建立健全社会信用约束和联合惩戒机制，实现"一处违法、处处受限"。通过全社会的共同努力，形成行政监管、社会监督与行业规范相结合，优势互补、协同共治的消费者权益保护工作格局，引导消费者理性消费，让失信主体在市场选择中逐步淘汰，不断提升消费者权益保护工作水平，努力为广大人民群众营造安全放心的消费环境。

五、消费纠纷多元化解机制

《消费者权益保护法》第三十九条规定："消费者和经营者发生消费者权益争议的，可以通过下列途径解决：（一）与经营者协商和解；（二）请求消费者协会或者依法成立的其他调解组织调解；（三）向有关行政部门投诉；（四）根据与经营者达成的仲裁协议提请仲裁机构仲裁；（五）向人民法院提起诉讼。"这为推进消费纠纷多元化解机制提供了法律基础。充分发挥行政机关、社会组织、企事业单位等各方作用，进一步优化行政调解制度，健全与人民法院、仲裁机构、人民调解组织、专业组织之间的消费争议多元化解机制，促进各种纠纷解决方式相互配合、相互协调和全面发展。建立健全全国 12315 平台 ODR（纠纷在线解决）机制，扩大 12315 "五进"工作覆盖面。鼓励消费者通过在线消费纠纷解决机制、消费维权服务站、消费维权绿色通道、第三方争议解决机制等方式与经营者协商解决争议，有效降低消费者维权成本。大力支持消费领域的公益诉讼，探索推进消费领域集体诉讼。

六、消费领域信用体系建设

《联合国保护消费者准则》里重点强调给消费者赋权，帮助消费者自己预防风险、解决纠纷。除了畅通拓展事后救济渠道外，最重要的赋权就是消除信息不对称，保障消费者知情权、选择权，让信用信息调节资源配置，发挥市场机制和社会监督力量。2017年年底，原工商总局下发《关于全面开展消费投诉公示试点的通知》，决定在全国范围内全面开展消费投诉公示试点。开展消费投诉公示工作，是打通消费维权的事后救济和事先预防环节、加强企业信用监管、保障消费者的知情权和选择权、促进经营者落实消费维权主体责任的重要举措。需要从消费者投诉集中、反映强烈的区域、行业着手，以点带面，逐步扩大消费投诉公示的覆盖面；及时回应社会关切，开展多维度的投诉公示，提高公示的综合效应，强化信用约束。探索建立网络交易失信惩戒制度，通过黑名单管理等手段，建立起有效的失信惩戒威慑，强化网络市场信用约束。充分发挥消费者的积极性和主动性，引导消费者通过消费后评价制度，对经营者进行评价。

七、消费教育引导和行政指导

当前，网络市场爆发式发展，共享经济、数字经济兴起，跨境消费日益增长。面对这些新情况、新问题，仅仅依靠事中介入、事后执法是远远不够的。消费维权工作要掌握主动权，必须要注重关口前移，防控全链条风险。通过构建信用体系、加强事先预防、加大查处违法行为力度，保障各方主体建立起诚信守法的稳定预期，从源头上改善消费环境。利用好大数据资源，监测消费诉求异常波动情况和网络舆情突发事件，对苗头性问题要提前介入防范风险。对消费者诉求相对集中或快速增长的企业，用好行政约谈和消费预警的利器。加强消费教育和引导工作，提高消费者维权意识和能力。面向广大电子商务经营者探索开展与依法经营相关的多种形式法律宣传教育，引导其增强法律认知，提高守法意识；综合运用行政指导会、特定主体约谈、随机抽查等方式，加大对各类电子商务经营者特别是电子商务平台经营者的规范力度；充分发挥行政指导事前预防、事中督导功能，依法指导平台主动自律，有效督促平台依法合规经营，真正压实其主体责任，推动网络消费环境持续向好向善。

第三节　12315 行政执法体系

一、12315 行政执法体系概述

（一）概念

12315 行政执法体系，是市场监管部门以《消费者权益保护法》等法律法规和市场监管部门职责为依据，以 12315 热线电话、全国12315 平台、来信来访等方式为接收渠道，立足于投诉举报处理与数据分析，开展消费提示警示信息发布、消费投诉信息公示、市场秩序动态监控、市场监管难点综合分析研判等工作，引导城乡"一会两站"、12315"五进"、ODR 单位运行，服务市场监管执法的一系列体制机制的统称。

（二）历史沿革

1999 年，"3·15"国际消费者权益日，原国家工商行政管理局向社会公布 12315 为全国统一的消费者投诉举报电话号码。2000 年"3·15"前夕，各地全部开通了 12315 消费者投诉举报电话。

2006 年 3 月，原工商总局印发《关于大力推进 12315 行政执法体系建设工作的意见》，在全系统大力推进 12315 行政执法体系建设，构建行政执法监管、行业与经营者自律、社会监督"三大体系"和一个全国 12315 信息化网络，实现监管执法工作和信息化手段的有机结合。

2009 年，原工商总局印发《关于加强 12315 行政执法体系"四个平台"建设的通知》，在全系统部署 12315 行政执法体系"四个平台"建设，即建设与广大消费者和人民群众信息互动的平台、畅通民意的平台、接受社会监督和听取群众意见的平台、解决人民群众最关心、最直接、最现实利益问题的平台。

2017 年 3 月 15 日，根据国务院《关于大力发展电子商务加快培育经济新动力的意见》《关于积极发挥新消费引领作用加快培育形成新供给新动力的指导意见》等文件要求建设的全国 12315 互联网平台正式上线运营，标志着市场监管部门的消费维权工作跨入"互联网 +"时代。全国 12315 互联网平台是所有政府部门中第一个且唯一一个实现中央部门、省、市、县、乡镇五级贯通的互联网投诉举报平台。

2019 年 2 月，市场监管总局印发《关于整合建设 12315 行政执法体系 更好服务市场监管执法的意见》，明确提出用两年时间，整合建设市场监管部门投诉举报受理热线和平台（将原工商、质检、食品药品、物价、知识产权等投诉举报电话平台整合到 12315 投诉举报电话平台），建成全国统一、五级贯通的 12315 行政执法体系，实现"一号对外、集中管理、便民利企、高效执法"的工作机制。

经过多年的努力，12315 已经由一部热线电话发展为以行政执法监管、行业和经营者自律、社会监督为一体，以全国 12315 平台为支撑的上下五级贯通、覆盖城乡的 12315 行政执法体系，为加强市场监管，保护消费者合法权益，营造公平竞争的市场环境发挥了重要作用。

原工商、质检、食药、物价、知识产权部门分别出台了《工商行政管理部门处理消费者投诉办法》（2014 年工商总局令第 62 号）、《产品质量申诉处理办法》（1998 年国家质量技术监督局令第 51 号）、《食品药品投诉举报管理办法》（2016 年食药总局令第 21 号）、《价格违法行为举报处理规定》（发展改革委令第 6 号）等四部部门规章和《国家知识产权局关于加强知识产权维权援助中心举报投诉维权服务工作的通知》一个规范性文件。在此基础上，各地建立了覆盖受理、流转、处置、反馈等全业务流程的制度规范，确保了热线平台顺畅有序运转。2020 年 1 月 1 日，《市场监督管理投诉举报处理暂行办法》正式施行，统一了投诉举报处理程序。

二、12315 行政执法体系在消费者权益保护中的作用

（一）畅通政府与群众的沟通渠道，构建保护消费者合法权益和维护市场秩序的重要平台

经过多年来的建设，各级市场监管部门以 12315 热线和全国 12315 平台为基础，建立了以省或市为单位的 12315 中心和省、市两级数据分析中心，集中接收消费者和群众对消费维权和市场监管执法的投诉、举报、咨询，成为市场监管部门服务公众的重要窗口和群众参与市场监管的重要平台。通过接收转办和反馈，及时有效地受理和处理了大量消费纠纷，查办了一大批消费侵权案件，有针对性地开展了市场监管执法行动，为保护消费者、经营者合法权益和维护市场秩序作出了积极贡献。

（二）延伸监管和维权触角，促进和谐社会建设

各级市场监管部门通过在乡镇、街道和城市社区、行政村分别建

立消费者协会分会和12315维权联络站和投诉站，建立了市场监管部门与农民、社区居民双向互通渠道，既方便了城乡消费者就近投诉解决消费纠纷，畅通了民意，密切了干群关系，又使市场监管有了"千里眼"和"顺风耳"，促进了和谐社区、和谐村镇和基层政权建设。

（三）化解经营者和消费者的消费纠纷，营造和谐的市场消费环境

各级市场监管部门通过12315进商场、进超市、进市场、进企业、进景区和引导经营者建立消费纠纷和解制度、消费维权自律承诺等制度，强化了消费维权的源头治理，使消费者可以不出店门就地解决消费纠纷，健全了行业和企业服务规范，促进了和谐诚信的消费环境建设。

（四）提升消费维权水平，树立了市场监管部门执法为民的良好形象

12315行政执法体系的建设，加大了消费维权力度，扩大了市场监管部门的社会影响力，提升了监管执法和消费维权效能，受到各地党委、政府和广大群众的肯定和欢迎。12315被广大消费者和社会各界誉为"市场秩序的经济卫士""消费维权的保护神""党和政府联系群众的桥梁和纽带"。

三、12315行政执法体系内容

12315行政执法体系主要包含行政执法监管体系、行业和经营者自律维权体系、社会监督维权体系三个重要组成部分。

（一）行政执法监管体系

行政执法监管体系是在全国 12315 平台的基础上，通过完善体制机制，理顺工作关系，规范工作程序，提高工作效能，形成的以信息化手段为技术支撑，具有"相对集中受理、分工协作办理、信息汇总分析、进行消费提示"等功能相结合的体系。围绕消费者权益保护，行政执法监管体系主要内容包括：处理消费者投诉，对消费者权益保护和市场秩序信息的汇总分析，进行消费引导和提示，开展消费投诉信息公示等。

1. 消费投诉处理

（1）管辖

消费投诉主要由被投诉人实际经营地或者住所地县级市场监管部门处理。

特殊情形下的管辖：

一是对电子商务平台经营者以及通过自建网站、其他网络服务销售商品或者提供服务的电子商务经营者的投诉，由其住所地县级市场监管部门处理。对平台内经营者的投诉，由其实际经营地或者平台经营者住所地县级市场监管部门处理。

二是上级市场监管部门认为有必要的，可以处理下级市场监管部门收到的投诉。下级市场监管部门认为需要由上级市场监管部门处理本行政机关收到的投诉的，可以报请上级市场监管部门决定。

（2）接收分送

消费投诉，是指消费者为生活消费需要购买、使用商品或者接受服务，与经营者发生消费者权益争议，请求市场监管部门解决该争议的行为。

市场监管部门接收消费投诉的渠道包括：市场监管部门公布的接

收投诉举报的互联网、电话、传真、邮寄地址、窗口等渠道，主要渠道为各地 12315 热线和全国 12315 平台（网址 www.12315.cn），还包括 App "全国 12315 平台"、微信公众号 "全国 12315 平台"、微信小程序 "12315"。

投诉应当提供的材料为：投诉人的姓名、电话号码、通讯地址；被投诉人的名称（姓名）、地址；具体的投诉请求以及消费者权益争议事实。投诉人采取非书面方式进行投诉的，市场监管部门工作人员应当记录上述信息。投诉人通过全国 12315 平台、App 等投诉举报的还应注册账号。

消费投诉处理的分送程序为：通过全国 12315 平台接收的消费投诉，将根据投诉人选择直接由系统流转至县级市场监管部门；通过其他渠道接收的消费投诉，接收的市场监管部门按照 "谁接收、谁录入" 的原则将信息及时录入到全国 12315 平台，并参照平台流转方式直接将投诉举报流转至有管辖权的县级市场监管部门。

（3）受理程序

受理期限为：收到投诉之日起七个工作日内作出受理或者不予受理的决定，并告知投诉人。

市场监管部门不予受理情形包括：投诉事项不属于市场监管部门职责，或者本行政机关不具有处理权限的；法院、仲裁机构、市场监管部门或者其他行政机关、消费者协会或者依法成立的其他调解组织已经受理或者处理过同一消费者权益争议的；不是为生活消费需要购买、使用商品或者接受服务，或者不能证明与被投诉人之间存在消费者权益争议的；除法律另有规定外，投诉人知道或者应当知道自己的权益受到被投诉人侵害之日起超过三年的；未按要求提供相应材料的；法律、法规、规章规定不予受理的其他情形。

（4）消费投诉办理

办理期限为：自投诉受理之日起四十五个工作日内。

办理方式包括：除法律、法规另有规定外，市场监管部门经投诉人和被投诉人同意，采用调解的方式处理投诉。市场监管部门可以委托消费者协会或者依法成立的其他调解组织等单位代为调解。

调解可以采取现场调解方式，也可以采取互联网、电话、音频、视频等非现场调解方式。采取现场调解方式的，市场监管部门或者其委托单位应当提前告知投诉人和被投诉人调解的时间、地点、调解人员等。

消费者还可以通过在线消费纠纷解决机制、消费维权服务站、消费维权绿色通道、第三方争议解决机制等方式与经营者协商解决消费者权益争议。

市场监管部门发现（遇到）特定情形时，需要终止调解。主要情形为：投诉人撤回投诉或者双方自行和解的；投诉人与被投诉人对委托承担检定、检验、检测、鉴定工作的技术机构或者费用承担无法协商一致的；投诉人或者被投诉人无正当理由不参加调解，或者被投诉人明确拒绝调解的；经组织调解，投诉人或者被投诉人明确表示无法达成调解协议的；自投诉受理之日起四十五个工作日内投诉人和被投诉人未能达成调解协议的；市场监管部门受理投诉后，发现存在《市场监督管理投诉举报处理暂行办法》第十五条规定情形的；法律、法规、规章规定的应当终止调解的其他情形。

经现场调解达成调解协议的，市场监管部门应当制作调解书，但调解协议已经即时履行或者双方同意不制作调解书的除外。调解书由投诉人和被投诉人双方签字或者盖章，并加盖市场监管部门印章，交投诉人和被投诉人各执一份，市场监管部门留存一份归档。未制作调解书的，市场监管部门应当做好调解记录备查。

2.消费提示警示

（1）消费提示警示的概念

12315消费提示警示是指市场监管部门及其12315机构通过对12315投诉举报数据的汇总分析，挖掘、归纳投诉举报中出现的热点问题，按照规定和程序发布提示警示，进行消费引导和提示，同时也为各级市场监管部门有针对性地加强监管提供可靠依据和情况。

（2）消费提示警示工作要求

12315消费提示警示工作，前提和基础是及时、有效地进行12315投诉举报信息的汇总分析。因此，必须高度重视12315投诉举报信息分析利用，在此基础上形成区域和全国范围内消费者投诉举报分析报告，按照规定和程序发布消费提示警示。

3.消费投诉信息公示

2017年，原工商总局印发《关于全面开展消费投诉公示试点的通知》（工商消字〔2017〕241号），明确提出要在全国范围内全面开展消费投诉信息公示试点。

（1）消费投诉信息公示的意义

消费投诉信息公示是在企业信用信息公示和消费提示警示工作基础上，强化社会舆论监督、推进消费维权社会共治的新探索。推行消费投诉信息公示工作，有利于引导经营者加强自律，提高消费者满意度，提振全社会消费信心，完善促进消费的机制，增强消费拉动经济增长的作用。

（2）公示内容

近几年来，各地市场监管部门深入开展探索，主要将有关经营者的下列信息纳入消费投诉公示范围：市场主体登记信息；市场监管部门受理的投诉量；投诉的调解成功率（包括投诉后自行和解）。另外，各地还自行探索增加投诉详情、投诉量占销售额比例、热点问题、苗头性问题、潜在风险等公示内容。

（3）公示渠道

各地市场监管部门从扩大消费投诉公示影响力、确保权威性、满足消费者获取信息便利性等角度综合考虑，积极探索投诉公示渠道。主要渠道有：政府网站、政务新媒体、主流媒体等平台集中公示；通过12315"五进"站点、"一会两站"、放心消费创建单位等渠道；结合消费教育引导工作广泛拓展街道、社区、居委会、村委会公示等渠道。

4.12315 与 12345 的关系

12315热线将以"双号并行"的方式纳入政务服务热线统一管理，各地可根据自身实际选择是否保留12315话务座席；12315话务座席并入12345热线的地区，要保持双号并行、双号畅通。12345热线仅负责受理（接收）企业和群众诉求、回答一般性咨询，不代替部门职能。通过12345热线接收的消费者投诉举报，要按照"同级实时对接"原则上归集到全国12315平台进行处理，各地市场监管部门需要明确信息接收、归类分送、及时办理、督办反馈、立案建议、评估评价、分析研判以及热线归并后的工作衔接等职责。行政调解类、执法办案类事项做到依法依规处置，不片面追求满意率。

（二）行业和经营者自律维权体系

行业和经营者自律体系是12315行政执法体系的重要组成部分。通过推进12315"五进"规范化建设，指导建立经营者和行业组织自律制度，完善消费纠纷和解机制，开展消费教育和消费引导，是市场监管部门拓展社会消费维权网络和积极创新社会管理的重要方法及有效载体。这对强化消费维权，及时化解消费纠纷，改善消费环境，提升消费信心，扩大消费需求，促进经济发展和维护社会稳定都具有非常重要的现实意义。

1.12315"五进"规范化建设

（1）12315"五进"的含义

根据原工商总局《关于进一步加强12315"五进"规范化建设的意见》（工商消字〔2011〕113号），12315"五进"就是12315消费维权服务进商场、进超市、进市场、进企业、进景区。

（2）12315"五进"规范化建设的意义

12315作为市场监管部门特服号码于1999年开通以来，已经成为消费维权的象征符号，成为市场监管部门的对外窗口和著名品牌，成为广大人民群众咨询市场监管法律、法规，解决消费纠纷最便捷的渠道，深受群众拥护。

12315"五进"工作是12315品牌的再拓展和再提升。推进12315"五进"工作，扩大社会消费维权网络的覆盖面，引导和督促经营者履行消费维权的社会责任，促进消费纠纷和解，有利于把消费纠纷化解在萌芽状态。在商场、超市、市场、企业、景区这些消费集中地设立"消费维权服务站"是12315维权网络的延伸和扩展。充分发挥12315网络体系在消费者利益协调、诉求表达、矛盾调处、权益保障等方面的积极作用，对强化消费维权，畅通维权渠道，提升消费维权水平，改善消费环境，提升消费信心，扩大消费需求，促进经济发展和维护社会和谐稳定具有重要的现实意义。

2.消费维权服务站

（1）工作职责

"消费者维权服务站"的主要职责：建立健全商品质量和服务规范、承诺、不合格商品退市、消费纠纷和解、消费侵权赔偿等制度；

向本单位职工宣传有关消费维权的法律法规，解答消费者有关咨询；受理和处理消费者的投诉，做好消费者投诉和解笔录，定时汇总、分析和报送消费者诉求情况，有针对性地进行防范和加强自律；对消费者投诉集中的问题，及时向市场监管等有关部门反映。

（2）工作流程

①受理

依法解答消费者的咨询，认真登记消费者的投诉，并填写《消费维权服务站消费投诉登记表》。

②处理

耐心听取消费者的诉求，依据法律法规的规定和向消费者提出处理意见，与消费者进行协商和解；和解不成的，告知消费者可以向市场监管等有关部门投诉。

③审核

与消费者初步达成和解协议的，报送本单位有关领导审核，及时按照和解协议的约定履行义务。

④反馈

对于消费者的诉求，当即难以答复和处理的，可以与消费者约定答复时间，研究处理意见后，及时向消费者反馈。

⑤归档

消费者投诉处理完毕后，将《"消费维权服务站"消费投诉登记表》中的简要信息按照时间顺序记录到《"消费维权服务站"受理和处理消费者投诉登记簿》，并及时归档，妥善保存。同时，认真填写《"消费维权服务站"受理和处理消费者投诉情况汇总表》，按照经营者不同类型在相应栏目中填写数据，并按季度报送辖区市场监管所，由辖区市场监管所汇总填写《12315"五进"工作情况统计表》，并按照规定和程序报送。

3. 在线消费纠纷解决机制

在线消费纠纷解决（ODR）机制，亦称全国 12315 平台 ODR 机制，是指在辖区市场监管部门指导监督下，企业等单位通过全国 12315 平台提供消费纠纷在线解决服务的机制。

为落实经营者消费维权主体责任，推进消费维权社会协同共治，全国 12315 平台引入在线消费纠纷解决（ODR）机制，引导企业等主体在辖区市场监管部门指导监督下，通过全国 12315 平台提供消费纠纷在线解决服务。消费者可直接向 ODR 企业投诉，也可向市场监管部门投诉。对于通过全国 12315 平台接收的投诉，在线消费纠纷解决企业在十个工作日内与消费者进行积极协商和解。双方和解不成的，消费者还可以选择继续向市场监管部门投诉。截至 2020 年底，各地市场监管部门共引导 2.55 万余家企业成为全国 12315 平台 ODR 用户，与消费者在线解决消费纠纷。

（三）社会监督维权体系

消费维权社会监督体系是 12315 行政执法体系的重要组成部分，也是深化消费维权体制改革的重大举措。近年来，各级市场监管部门不断创新消费维权社会监督机制，通过健全消费者协会组织监督、社会群众监督和新闻舆论监督机制，使广大消费者、社会各界群众、新闻媒体等多方面的作用得到了充分发挥，促进了消费维权全社会参与的制度化、规范化、社会化，逐步形成了"一会两站"、社会和群众参与、新闻媒体宣传监督相关联的消费维权社会监督体系。

1. "一会两站"

根据原工商总局发布的《关于加强"一会两站"规范化建设的意见》规定，"一会"是指消费者协会依托乡镇、街道办事处建立的乡镇、街道消费者协会分会；"两站"是指市场监管部门、消费者协会依托行政村、社区建立的 12315 联络站和消费者投诉站。

消费者协会分会、消费者投诉站是消费者协会的组织网络和社会监督网络，12315 联络站是基层市场监管所消费维权的工作网络。为切实方便消费者就近投诉和化解消费纠纷，力争在每一个乡镇、街道办事处建立一个消费者协会分会，在每一个行政村、社区建立一个消费者投诉站和 12315 联络站，努力实现农村村镇和城市社区"一会两站"组织网络全覆盖。

"一会两站"建设是 12315 行政执法体系拓展社会监督体系的重要组成部分。加强"一会两站"规范化建设，延伸消费维权工作触角，构建市场监管部门和消费者协会畅通民意的平台，是市场监管部门和消费者协会全面落实习近平新时代中国特色社会主义思想，坚持以人民为中心，服务改善民生的客观要求，也是更新消费维权理念，提高消费维权工作效能的具体举措。

大力推进"一会两站"建设，将消费维权各项工作和举措向基层延伸，有利于消费者就近投诉。对方便城乡消费者就地解决消费纠纷，促进社会稳定，及时有效维护消费者合法权益，提振消费信心，建设和谐社会，促进经济平稳较快发展具有十分重要的作用。

2. 社会各界和广大人民群众参与监督

维护消费者的合法权益是全社会共同的责任。社会各界和广大人民群众参与消费维权，是新时期消费维权工作的创新。其社会作用主要体现在：拓宽了群众维权的渠道，将消费纠纷发现在基层、化解在基层、解决在源头，有利于促进社会稳定、密切党群关系；消费者在维护自身权益的同时，也增强了自身科学消费、理性消费的意识；社会和群众参与消费维权，对经营者形成社会压力和影响，有利于督促经营者加强自律，提高商品和服务质量。

充分利用 12315 热线和全国 12315 平台渠道作用，鼓励广大消费者和社会各界群众投诉举报侵害消费者合法权益行为。按照"政府牵头、市监承办、部门配合、社会参与"的要求，鼓励社会公众通过在消费者协会分会、消费者投诉站及 12315 联络站任职和出任消费维权志愿者特邀监督员等形式参与。

3. 新闻媒体的宣传和监督

政策法规的宣传者。新闻媒体通过对有关保护消费者合法权益方面的法律法规的宣传，让消费者对自己的权益有所了解并增强自觉维权的意识。

消费观念的引导者。新闻媒体通过披露投诉举报热点、发布消费警示，引导消费者科学消费、理性消费，尽量避免损害消费者合法权益的事情发生。

违法经营的监督者。新闻媒体通过曝光严重危害人民群众身体健康和生命安全的典型侵权案件，引起广大消费者和企业的关注，引起有关行政执法机关高度重视，采取积极行动，开展有关专项整治活动，严厉打击违法经营行为；从而使经营者的违法经营行为受到查处，消费者的弱势地位得到改善，人民群众的身心健康和消费安全得到有效保护。

解决消费纠纷的协调者。新闻媒体通过开办一些消费维权栏目，直接接受消费者的投诉，与有关部门取得联系，有利于推动维权工作深入开展，为解决消费纠纷开辟了又一途径。

充分发挥报刊、广播、电视、网络等媒体的优势，通过开辟消费维权栏目、消费维权知识竞赛、定期发布消费警示、消费提示、曝光消费侵权典型案件等形式，广泛宣传消费者权益保护的法律法规及消费维权知识，加强消费教育和消费引导，促进消费者科学、合理、健康消费，增强消费者维权意识、经营者自律意识。

第四节 发挥消协组织社会监督作用

消协组织是由政府部门发起，经国务院或各级政府部门批准，依法成立的公益性社会组织，承担党和政府交办的工作任务，履行《消费者权益保护法》赋予的八项法律职责。消协组织从最初产生到发展至今，已经走过了 30 多年历程。多年来，全国消协组织在受理消费者投诉、开展商品比较试验、组织消费监督活动、参与法律法规和标准制定、提起公益诉讼等方面开展了大量工作，在促进经济发展、维护和谐稳定、提升法治观念、推动社会进步方面发挥了重要作用，已经成为我国消费者权益社会保护的中坚力量。

一、消协组织发展历程

我国的消费者保护工作始于 20 世纪 80 年代初。1980 年 6 月，时任工商行政管理总局局长的魏今非同志率团赴香港考察期间访问了香港消费者委员会，返京后，工商行政管理总局向国务院财经小组报送了考察材料，提出在一些大中城市成立消费者协会的建议。1981 年 6 月，联合国亚太经合组织在泰国曼谷召开了保护消费者问题磋商会，国家商检总局的同志参加会议后，深感这项工作的重要性，遂于 8 月向国务院呈送报告建议成立消费者保护组织，因"这项工作涉及面较广"，建议"工商行政管理总局负责协调，对外挂保护消费者利益委员会的牌子，由有关部门参加"，建议得到国务院领导的重视。1983 年 5 月，河北省新乐县在县工商局成立了全国第一个消费者协会。1984 年 8 月，广州市也成立了消费者委员会。1985 年 1 月，经国务院批准，中国消费者协会宣告成立。

中国消费者协会的成立标志着国家已经把保护消费者权益问题提

到了重要的议事日程，从此开始了中国消费者保护运动的新纪元。中国消费者协会成立后，全国各省、自治区、直辖市和各地市、县也按照行政区划，纷纷成立了消费者协会（消费者委员会、消费者权益保护委员会，以下简称"消协组织"），各地消协组织均为有关行政部门联合组建，报政府审批，并由政府拨款支持。此外，各地消协还在城市街道、城市商业集中区、居委会、农村建立消协分会、投诉站，在商业服务业建立受消协组织指导的联络站等，基本形成遍布城乡的消费者权益保护组织网络，成为维护消费者权益的重要组织保障。

1987 年 9 月 13 日，中国消费者协会在国际消费者联盟第十二届世界大会上，被接纳为正式会员。加入国际消费者联盟，标志着中国消费者协会所从事的消费者权益保护工作的国际化。1993 年颁布并于 1994 年 1 月 1 日起实施的《消费者权益保护法》的出台更是为消费者权益的维护提供了组织和法律保障，标志着我国消费者保护事业进入了法制化轨道。

2019 年 5 月中央编办批复设立中国消费者协会秘书处，作为中消协日常办事机构，承担消费者权益保护日常工作，明确为公益一类事业单位，核定 70 名事业编制，为中国消费者协会履职奠定了坚实基础。

二、消协组织的职责

消协组织自成立以来，以维护消费者合法权益为宗旨，开展了大量富有成效的工作，形成了一整套行之有效的工作制度，深受广大消费者拥护，得到了党和政府的肯定和支持。因此，我国《消费者权益保护法》在制定时，对消协组织作了专章规定，其中第三十七条明确了消费者协会履行下列公益性职责。

（一）向消费者提供消费信息和咨询服务，提高消费者维护自身合法权益的能力，引导文明、健康、节约资源和保护环境的消费方式

向消费者提供信息和咨询服务是消协组织的一项基本职责，这项规定的立法本意是对消费者的事前保护。实践中，消协组织通过设立咨询电话和咨询窗口、开展比较试验、发布消费提示警示、组织培训展览等形式向消费者提供商品和服务的相关信息，不断提升消费者维权法律意识、科学消费素养和避开消费陷阱的能力。

（二）参与制定有关消费者权益保护的法律、法规、规章和强制性标准

这项规定是从制度层面加强对消费者的保护，即国家在制定有关消费者权益保护的法律、法规、规章和强制性标准时，应当定向听取消费者和消协组织的意见，消协组织也应当对相关草案进行认真研究，并从保护消费者整体利益角度提出意见建议。消协组织作为保护消费者权益的专门组织，有长期的工作积累，对消费者保护相关情况掌握得更为全面，能够有效代表消费者表达利益诉求，避免征求意见流于形式或选取的消费者代表不具有代表性等问题。

（三）参与有关行政部门对商品和服务的监督、检查

消协组织除了可依照法律法规对商品和服务进行社会监督外，还可以参与有关行政部门的监督和检查，行政部门在开展与消费者利益有关的监督检查时，应当主动邀请消协组织参加，消协组织可以参与制定监督检查的具体方案和具体过程，站在消费者立场，对行政部门的监督、检查行为进行监督，提出监督、检查的建议，切实保护消费者合法权益。

（四）就有关消费者合法权益的问题，向有关部门反映、查询，提出建议

反映、查询是指消协组织在受理投诉、公益诉讼等工作中发现的相关问题，可以向有关行政部门进行查询，或对消协组织反映的具体问题，查询处理进展情况。提出建议是指消协组织在比较试验、体验式调查监督等工作中发现的相关问题，向有关行政部门提出建设性的建议以供参考。相关部门应当就消协组织反映、查询的问题认真处理，并将结果及时反馈消协组织。消协组织此项职能能够有效支撑其发挥沟通政府与消费者之间的桥梁纽带作用。

（五）受理消费者的投诉，并对投诉事项进行调查、调解

消协组织受理消费投诉和调解，是国际上的通行惯例，是消协组织的一项基础性工作，也是在司法、行政等国家强制性保护之外的一种相对较为软性和简化的保护措施，能够降低消费者维权成本、改善消费者弱势地位。消协组织在对投诉事项进行调解过程中，可以依法对投诉事项涉及问题进行调查，经营者和相关部门应当予以配合。消协组织在查明事实、分清是非基础上依法调解，达成调解协议的，可督促双方履行协议。

（六）投诉事项涉及商品和服务质量问题的，可以委托具备资格的鉴定人鉴定，鉴定人应当告知鉴定意见

消费者与经营者发生纠纷时，往往各执一词，取得相应鉴定结论则是定纷止争的有力证据。但消费者在进行鉴定时，面临着选择鉴定人困难、鉴定费用高以及一些鉴定机构不接受个人委托等难题。消协组织在接到投诉后，根据当事人申请或者自行决定，可以委托鉴定人出具鉴定结论，鉴定人也必须及时和如实告知鉴定结论。

（七）就损害消费者合法权益的行为，支持受损害的消费者提起诉讼或者依照本法提起诉讼

支持起诉是我国民事诉讼法的一项基本原则，消协组织支持消费者诉讼是这一原则在消费者保护领域的具体体现。对于调解失败且经营者确有违法违规行为的投诉案件，消协组织可以支持消费者提起诉讼，从人力、资金、舆论等方面给消费者提供帮助。此外，如果经营者的行为侵害了众多不特定消费者合法权益或者具有危及消费者人身、财产安全危险等损害社会公共利益的行为，中国消费者协会或在省、自治区、直辖市设立的消费者协会，还可以依法提起公益诉讼。

（八）对损害消费者合法权益的行为，通过大众传播媒介予以揭露、批评

针对市场上出现的各类损害消费者合法权益的行为，消协组织都可以发挥舆论监督作用，通过互联网、电视广播、报纸杂志等途径予以揭露批评，促使经营者尊重消费者的合法权益，同时也能对广大消费者起到教育和警示的作用。实践中，消协组织在体验式调查、比较试验以及受理投诉等工作中发现的突出问题，通过对经营者进行约谈，并视情况将约谈内容或调查报告予以公开等方式进行监督和批评。

以上职能是《消费者权益保护法》赋予消协组织的基本职能，除了这些职能外，消协组织还可以在法律允许范围内从事"章程"和"三定方案"规定的其他活动，以维护消费者合法权益。

三、消协组织在消费者权益保护中的地位和作用

目前，中国保护消费者权益体系形成了四个层次，一是立法保

护，二是司法保护，三是行政保护，四是社会保护。消协组织是消费维权社会保护的中坚力量，作为党和政府联系消费者的桥梁和纽带，肩负着组织、沟通、协调社会各方面力量，共同做好消费者权益保护工作的重要任务，发挥着有别于其他方面的独特作用。

（一）消协组织的特点

按照社会治理现代化的要求，政府将主要履行宏观管理职能，社会组织要在公共服务中更好发挥作用。消协组织作为对商品和服务进行社会监督、保护消费者合法权益的社会组织，履行法定公益性职责，代表消费者利益，在社会治理新格局中，肩负组织、沟通、协调社会各方面力量的重任。与其他各方面相比，消协组织具有广泛性、代表性、法定性、公益性。其保护对象、工作范围、涉及领域、团结力量十分广泛；不仅维护消费者的个体利益，也维护消费者的整体利益；具有法定的名称、性质、职责和行为规范；无偿受理消费者投诉、为消费者提供服务，具有公益性。消协组织肩负的职责如参与立法立标、参与监督检查、提起公益诉讼等，具有准立法权、准行政监管权、准公诉权的特点，体现了国家加强保护消费者权益的意志，具有公共性。

（二）与行政部门内设机构的区别

目前，我国一些行政部门设立了保护消费者权益的内设机构。消协与这些行政部门保护机构在消费维权工作中各有侧重，行政部门内设的保护消费者权益机构，发挥的是行政保护作用，消协组织发挥的是消费维权社会保护作用。一是职责不同。消协组织依据法定职责保护全体消费者利益，工作范围涉及与消费者权益有关的各领域、各行业；行政部门则主要依据"三定"方案在本部门职权范围内开展保护工作。二是作用不同。消协组织站在消费者立场上来保护消费者权益，行政部门则要考虑各方主体利益平衡，通常采取"一手托两家"（消费者和经营者）的中性立场。三是方法不同。消协组织作为保护消费者权益的专门组织，在涉及消费者问题上，可以代表消费者提出强有力的诉求。四是处理结果不同。消协组织在处理消费者问题时，履行的是社会监督职责，通过落实法定职责保护消费者个体和整体利益；行政部门履行的是政府监管职责，通过行政执法、行政决策、行政监督保护消费者利益。

（三）与一般社会团体的区别

1989 年，原《社会团体登记管理条例》按名称归类，凡名为协会、学会、研究会的均为社会团体。1993 年《消费者权益保护法》因此将消费者协会列为社会团体。但 1998 年新的《社会团体登记管理条例》（以下简称《条例》）按性质对社会团体进行了界定，适用主体范围有所缩限，社会团体指"由公民自愿组成，为实现会员共同意愿，按照其章程开展活动的非营利性社会组织"。消协组织与《条例》中所称"社会团体"有本质区别。其一，从成立的动因看，消费者协会是由政府发起成立的保护消费者权益的组织，肩负着沟通、联系、协调社会各方面力量，共同保护处于弱势地位的——消费者的任务，不是消费者自发成立的自我保护组织。其二，从服务的对象看，消费者协会的服务对象是全国 14 亿消费者，不是少数会员。其三，从机构职能看，消费者协会承担着八项法定的公益性职责，从事的是公共事务管理和服务方面的工作，目的是保护社会公共利益，体现着国家加强对消费者权益保护的意志，不是按章程自行开展活动的社团组织。其四，从人员组成看，消费者协会实行的不是会员制，不是为实现少数会员共同意愿而存在的民间社团。它实行的是单位理事制，理事成员由立法、司法机关，市场监管、卫生、商务等部门，群众团体、行业组织、专家、律师、媒体等代表组成，涉及与消费者事务的各个方面，核心任务是在党和政府的领导下动员社会各有关方面加强对消费者的保护。其五，从经费来源看，消协是他益性的、外部保护的组织，体现着国家加强对消费者保护的意旨，它没有会员，不收会费，主要由政府支持，不是部分消费者自由结合、交纳会费、自我保护的自益性组织。

四、消协组织做好消费者权益保护工作的路径

新时代，消协组织要适应消费的新趋势、新特点，主动作为，及时补位，不断更新维权理念，拓宽维权领域，创新维权方式方法，提高维权效能，动员、组织、协调社会上一切可以动员的力量，在消费宣传教育、解决消费争议、开展社会监督、参与立法立标、推动社会共治等方面积极发挥社会组织作用，成为推进国家治理体系和治理能力现代化的积极参与者和务实的贡献者。

（一）始终代表消费者的利益，在更好为消费者服务上下功夫

消费者是消协组织工作的力量源泉，全心全意为消费者服务是消协组织与生俱来的使命和责任。新形势下，消协组织要牢固树立"消费者至上"理念，必须坚持以消费者为中心，维护消费者权益，把目光投向消费者，把消费者是否满意作为衡量工作成效的基本标准，让消费者从心底感受到消协组织是"娘家人"。要发挥好消费者利益忠实代表的使命，把保护消费者的利益作为工作的出发点和落脚点，要坚持重心下移，各项工作要接地气，最大程度地保持与消费者的密切联系，把消协组织的根更深更广地扎在广大消费者之中。

（二）综合运用各项工作职责，最大限度保护好消费者合法权益

消协组织工作要打好组合拳，综合运用教育、调解、调查、监督、约谈、诉讼等手段，推进工作重心从事后调处向事前教育、事中监督转换，从维护消费者个体利益向维护整体利益转换，努力提升专业化、信息化、社会化水平。要加强消费教育和引导，适应消费新特点，结合消费新领域，引领消费新模式，释放消费新需求；要深化商品服务监督，揭露批评不法行为，督促企业守法经营，促进消费环境改善；要处理好消费纠纷，为消费者排忧解难，提高消费者满意度；要综合运用法定职责，积极探索公益诉讼、法律援助的方式方法，加大消费者权益保护力度。

（三）组织协调各方力量，充分发挥消协理事单位广泛性和权威性优势

消费维权工作涉及领域多、范围广，需要各方面协同努力。从消费者协会理事会架构上看，消协组织理事单位由立法、司法、行政、行业协会、新闻媒体、高校等部门和单位组成，成员广泛且权威性强，由消协组织出面协调组织，通过信息共享、联合会商、专业支持、工作联动等机制，动员各部门和单位在自身职权范围内发挥作用，可凝聚起全社会的广泛共识，在全社会形成消费者权益保护的合力。

（四）努力发挥桥梁纽带作用，切实做好政府的参谋助手

《消费者权益保护法》明确消协组织是对商品和服务进行社会监督，保护消费者合法权益的社会组织，在社会治理新格局中，肩负组织、沟通、协调社会各方面力量的重任。消协组织要发挥好联系政府和消费者的桥梁作用，加强与政府的密切配合，当好政府部门政策制定、行政执法的参谋助手，服务经济社会发展。要着眼于把消费者的

呼声诉求反映给党和政府，密切关注消费领域热点、难点问题，倾听消费者心声、回应消费者关切。要不断创新载体、丰富沟通渠道，使消协的工作更好融入、更好服务党和国家工作大局。

（五）加强干部队伍建设，不断提升消协组织的自身能力

代表好消费者利益、履行好工作职责、组织协调好各方力量、发挥好桥梁纽带作用，归根到底还是要靠提升消协组织自身的能力。要强化消协组织体系建设，形成中消协统筹指导、省级消协协同推进、地市级消协密切配合、县级消协分工落实的网络化组织体系，形成消协组织上下联动、横向互通的格局。要打造消费维权的专业化队伍，更新干部队伍维权理念，转变维权思路，加强队伍履职能力建设，提升对消费维权重大前沿理论问题研究能力，使消费维权工作把握规律性、体现时代性、富于创造性。

第九章

广告监管

第一节　概　述

一、广告与广告业

广告业作为我国现代服务业和文化产业的重要组成部分，在服务推进我国经济转型升级、引导扩大消费、促进经济增长、繁荣社会文化中发挥了积极作用。广告作为信息传播活动，连接着各类市场主体和广大消费者，具有传播广泛性、形式多样性、载体丰富性、受众普遍性等特征。广告是市场供需的助推器、经济活力的晴雨表、社会文明的展示窗、文化创意的风向标，广告产业的高质量发展对于推动我国经济高质量发展具有重要作用。

（一）广告的内涵与外延

1. 广告的内涵

广告主要包括商业广告和公益广告两类。对商业广告的规制是广告监管工作的核心内容，市场监管部门广告监管主要指向的是商业广告。《广告法》第二条规定"商品经营者或者服务提供者通过一定媒介和形式直接或者间接地介绍自己所推销的商品或者服务的商业广告活动，适用本法"。公益广告是指传播社会主义核心价值观，倡导良好道德风尚，促进公民文明素质和社会文明程度提高，维护国家和社会公共利益的非营利性广告。《广告法》第七十三条规定"国家鼓励、支持开展公益广告宣传活动，传播社会主义核心价值观，倡导文明风向"。

2. 广告的外延

在对商业广告的内涵进行严谨界定的同时，还需要进一步明确《广告法》调整的外延，以便在执法中准确认定商业广告。对商业广告的认定应结合商业广告行为的营销性、媒介性、非强制性等特征进行综合研判。

首先，营销性是商业广告区别于其他非商业广告的本质特征。商业广告的目的是为了介绍所推销的商品或者所提供的服务。介绍的方式，可以是直接介绍，包括直接宣传产品或服务本身，也可以是不直接推销商品仅宣传广告主的信誉、形象或经营理念，通过树立企业形象进而间接推销商品或服务。无论是直接或是间接，广告主的目的均是使消费者购买商品或者服务。其次，商业广告具有媒介性。利用媒介进行营销信息传播的活动才可能构成商业广告，没有信息媒介的人与人之间直接交流的促销活动不属于商业广告。最后，商业广告具有非强制性，为保障消费者知情权和选择权，依照法律、法规、规章以及国家有关规定，应当向公众客观披露的商品或服务的名称、规格、等级、使用方法等信息不属于商业广告信息。

（二）广告活动主体

广告是一种信息传播活动，在现代商业社会广告传播过程中，常常有多个广告活动主体参与其中，共同完成这个信息的传播过程。《广告法》第二条规定的广告活动主体有四种，分别是广告主、广告经营者、广告发布者、广告代言人。

1.广告主

广告主是指为推销商品或者服务，自行或者委托他人设计、制作、发布广告的自然人、法人或者其他组织。广告主在具体的广告活动中，作为委托方和出资人，具有对广告活动的决定权，其开展广告活动的目的在于推销商品或服务。广告主可以委托他人，即通过广告经营者，利用他人的广告媒介进行广告宣传，也可以自行设计、制作、发布广告。

2.广告经营者

广告经营者是指接受委托提供广告设计、制作、代理服务的自然人、法人或者其他组织。广告经营者本身并不推销商品或者提供服务，而是在受委托的情况下从事广告的设计、制作或者代理服务。广告设计是指依据广告主的要求进行的广告创意、构思、编排等活动。广告制作是指根据广告设计创意的要求，制作可供刊播、设置、张贴广告作品的活动。广告代理是指广告经营者接受广告主或广告发布者委托从事的广告战略策划、广告媒介安排等活动。实践中，广告经营者既可以接受广告主的委托为其提供广告设计、制作、代理的服务，也可以接受广告发布者的委托为其提供代理广告客户业务的服务。

3. 广告发布者

广告发布者是指为广告主或者广告主委托的广告经营者发布广告的自然人、法人或者其他组织。广告发布者既可以受广告经营者的委托发布广告，也可以直接受广告主的委托发布广告，其利用自身拥有的广播、电视、报纸、杂志、互联网站等媒介手段进行广告宣传。

4. 广告代言人

在现代商业竞争中，广告主为了提高产品竞争力，常常聘请社会名人代言商品或服务。广告代言人在代言活动中利用了自己可被公众识别的名义、形象等人格特征信息对消费者表达自己对产品的推荐、证明，进而影响消费者的购买选择。不仅在广告标明代言人身份信息的可以被认定为属于利用代言人的名义、形象，即使在广告中没有标明身份，但对于社会公众而言，从广告陈述或者画面展示中能够辨别出广告主之外的个人身份的相关信息，此人又在广告中从事推荐证明的活动，即属于广告代言人。要注意的是，广告代言人和广告演员是有区别的，并非所有出现在广告中的人物均属于广告代言人。广告演员只在广告中扮演特定的角色，不表达自己独立的推荐证明意图，对于广告受众而言，也无法识别出其独立的身份信息，这些广告演员不属于广告代言人。

（三）广告业

改革开放以来，我国广告业从无到有，由小变大，作用由窄到宽、地位由弱到强，在短短40余年间，走完发达国家百年的发展历程，广告市场规模已跻身世界广告市场的前列，成为对国家经济社会文化发展产生重要影响的行业。

1.广告市场主体活力持续增强

伴随改革开放的深入，我国广告市场主体的规模不断壮大。根据《中国工商行政管理年鉴（1991—2018年）》数据显示，私营企业、个体工商户、外商投资企业等非公有制广告企业得到快速发展，逐渐成为广告市场的主导力量。新媒体技术、移动互联网技术不断变革，互联网广告迅速崛起，广告市场主体更加多元、广泛。

2.广告产业效应日益彰显

广告业对国民经济增长的推动作用不断增强。广告作为国民经济发展的晴雨表，广告业发展与国民经济发展息息相关。广告业促进了农业走向现代化的进程，与第一产业具有紧密的互动关系。现代农业广告借助各类媒体平台，成为生产者与消费者连接的纽带，提高了农产品的知名度和附加值，提高了农产品的竞争力。广告业加快了制造业提档升级，我国作为制造业大国，广告业在很大程度上是为制造业服务的，制造业整体水平的提升离不开与广告产业的附加与整合。广告业促进了服务业转型升级，在促进金融保险业、信息业、通信业等现代服务业的发展中，发挥着越来越重要的作用。

3.广告刺激消费并助推消费转型升级

广告的一项重要的经济功能就是可以加速商品流通、扩大产品销售，通过沟通生产和销售两大关键环节，促进生产和销售资源的合理配置，为消费者提供产品销售和服务信息。广告营销是消费增长的助推器，广告投放的增长不仅有力拉动了消费，促进市场繁荣和经济发展，而且潜移默化地影响着消费者的消费观念、消费行为、消费模式。

4.广告在社会文化建设中发挥重要作用

广告基于特定社会文化而发展，不仅在社会经济中发挥着日益重要的作用，而且作为一种重要的信息和传播活动，还承担着弘扬文化价值、宣传文化、教育公众的使命，是文化创造的重要环节，对社会文化的影响与日俱增。

二、广告监管历史沿革

1979 年 1 月 4 日，《天津日报》发布天津牙膏厂产品广告，这则广告通常被认为是改革开放后第一条商业广告。1980 年，国务院决定由原工商行政管理总局负责全国广告监管工作。1981 年，原工商行政管理总局成立广告处（直属处）。1982 年，国务院批复同意"国家工商行政管理局机构编制方案"，决定设立广告司。1998 年 6 月至 2002 年 8 月，原国家工商行政管理局承担的指导广告业发展职能曾一度交给原国家经贸委。2002 年，原国家经贸委撤销后，指导广告业发展的职能再次交给原工商总局承担。2008 年，《国家工商行政管理总局主要职责内设机构和人员编制规定》，决定设立广告监督管理司，承担"指导广告业发展、负责广告活动的监督管理工作"。2018 年，《国家市场监督管理总局职能配置、内设机构和人员编制规定》，决定设立广告监督管理司，承担"指导广告业发展、监督管理广告活动"，并新增"组织指导药品、保健食品、医疗器械、特殊医学用途配方食品广告审查工作"职能。

经过改革开放 40 余年的发展，我国已基本建立起适应社会主义市场经济发展要求的广告法律体系，建立了与我国国情相适应的广告监管体制及管理模式，充分发挥政府监管的约束作用、行业组织的自律作用以及社会公众的监督作用，构建了较为完备的广告监管体系。

（一）广告法律体系不断完善

伴随着改革开放的推进，国家对广告行业的管理经历了行政管控、规制发展到依法管理、规范发展的渐进过程，其间逐步建立起对广告业主体资格、市场行为、产业政策、执法主体、管理规则等全面规范的法律法规体系。随着改革开放的不断深入和广告业的发展，广告管理各相关部门适时开展法律法规的修订和部门规章的吐旧纳新工作，形成了《广告法》以及《互联网广告管理暂行办法》《房地产广告发布规定》《药品、医疗器械、保健食品、特殊医学用途配方食品广告审查管理暂行办法》《医疗广告管理办法》《农药广告审查发布规定》《兽药广告审查发布规定》《公益广告促进和管理暂行办法》等法律法规和规章为基础的较为完整的广告法律体系。

（二）广告协同监管不断加强

在改革开放以来广告业 40 余年的成长过程中，市场监管部门以及其他职能部门共同履行管理广告业职责，在实际工作中形成了协调联动的工作机制。在具体执法实践中，通过针对不同时段广告违法行为的特点，联合实施专项整治，逐步形成了多部门合作，多层级联动，横向到边、纵向到底的监管合力。2005 年，国务院办公厅印发《关于开展打击商业欺诈专项行动的通知》，将"整治虚假违法广告"作为一项重点任务做了部署安排。专项行动中，原工商总局牵头建立了整治虚假违法广告部际联席会议制度，形成了原工商总局、原卫生部、原新闻出版总署、原广电总局等7部委组成的部际协调工作机制。经过多年发展，目前，市场监管总局作为牵头部门，联席会议成员单位还包括中央宣传部、中央网信办、工业和信息化部、公安部、卫生和健康委、人民银行、广电总局、银保监会、中医药局、药监局10个部门，联合部署、联合约谈、联合执法、联合调研已经成为常态。

（三）广告监管效能不断提升

在40余年广告市场监管实践中，各级广告监督管理部门注重及时适应市场发展，不断创新广告监管模式，丰富监管手段。建立健全广告监测制度，组织对重点媒体、媒介广告发布情况进行抽查监测，监测发现的涉嫌违法线索及时派发属地市场监管部门查处。强化事中事后监管，推进实施广告监管执法"双随机、一公开"监督检查，除投诉举报、大数据监测、转办交办外，通过"双随机"抽查方式进行监督检查。推动跨部门"双随机"联合检查，实现对企业"一次抽查、全面体检"。

三、广告监管主要任务

（一）规范广告活动

近年来，我国广告业取得了长足发展，但在快速发展的同时，也存在一些问题。有的广告夸大产品、服务的功效，欺骗和误导消费者；有的广告有悖社会良好风尚，损害社会公德；广告主、广告经营者、广告发布者、广告代言人的行为不够规范，在广告活动中存在违法行为。这些问题的存在，严重损害了消费者的合法权益，妨碍了广告业的健康发展。为了保证广告市场有序运行，需要政府健全广告市场行为规则，加强对广告市场行为的监督，规范各类广告市场主体的经营行为，保证广告市场有序运行。实践证明，社会主义市场经济越发达，就越需要加强对广告市场的监管，广告监督管理部门的作用就越重要。

（二）保护消费者合法权益

广告活动是商品生产者、服务提供者与消费者之间的一种经济活动。广告的根本目的是促进市场交易行为。由于信息不对称，消费者在交易行为中天然处于弱势地位，因此法律给予消费者以更多的权利保护。通过规范广告活动来预防和打击虚假广告等侵害消费者知情权、公平交易权的行为，使消费者的合法权益得到保护。

（三）促进广告业健康发展

广告业的发展与法律的规范和保护是分不开的。《广告法》通过规范广告活动，明确广告活动各方的权利和义务，明确有关部门的权限和职责等，对广告活动涉及的方方面面予以规范，对广告业的健康发展起到保障作用。制定广告法律法规的目的不仅是惩治虚假违法广告，同时也是营造健康诚信的广告业发展环境，使广告业在良好的法治环境中实现长远发展。

（四）维护社会经济秩序

广告市场秩序是国家社会经济秩序的重要组成部分。维护社会经济秩序，是国家经济立法的一项基本目的，也是国家经济管理职能的重要体现。缺乏规范、混乱无序的广告活动，扰乱市场秩序，危害社会经济生活，而健康有序的广告活动，则可以成为社会经济活动正常运转的润滑剂。

第二节　广告监测

一、广告监测工作概况

依法开展广告监测，及时发现和查处违法广告行为是法律赋予市场监管部门的重要职责。随着我国市场经济的不断发展，市场监管理念不断转变，监管手段不断创新，广告监管逐步从被动监管走向主动监管，从事前审查转向事中事后监管。20 世纪 90 年代，伴随计算机技术和互联网技术的快速发展，运用技术手段对海量广告信息进行分离筛选并开展合法性审核成为现实，广告监测制度应运而生。1996年，原国家工商行政管理局对在全国开展广告监测工作进行了部署，印发《关于规范广告监测工作的通知》，对广告监测工作流程、设备、人员等作出相应规定，将广告监测工作纳入制度化轨道。2004 年，原工商总局印发《关于规范和加强广告监测工作的指导意见（试行）》，进一步明确了广告监测制度的内涵和外延。经过近 20 年的探索和实践，2015 年 4 月，修订后的《广告法》正式将广告监测写入法律，成为市场监管部门的一项法定职责，广告监测工作也自此在法治轨道上实现更加快速、更高质量的发展。2017 年 9 月，全国互联网广告监测中心正式启用。2019 年 12 月，全国移动端互联网广告监测（深圳）中心获批建设。截至目前，覆盖传统媒体、互联网、移动端、户外广告的广告监测体系基本形成，为推进广告监管体系和监管能力现代化提供了有力支撑。

二、广告监测职责和法律依据

（一）广告监测的职责依据

《中共中央办公厅 国务院办公厅关于印发〈国家市场监督管理总局职能配置、内设机构和人员编制规定〉的通知》（厅字〔2018〕62号）规定，市场监管总局内设广告监督管理司，组织监测各类媒介广告发布情况。从机构职能配置上对市场监管部门开展广告监测工作，组织监测各类媒介广告发布情况进行了规定。

（二）广告监测的法律依据

《广告法》第四十九条第二款规定："市场监督管理部门应当建立健全广告监测制度，完善监测措施，及时发现和依法查处违法广告行为。"第七十二条第一款规定："市场监督管理部门对在履行广告监测职责中发现的违法广告行为或者对经投诉、举报的违法广告行为，不依法予以查处的，对负有责任的主管人员和直接责任人员，依法给予处分。"这为市场监管部门开展广告监测工作提供了明确的法律依据，同时，对市场监管部门依法履行广告监测职责提出了明确要求。

三、广告监测工作的开展

（一）广告监测的主要功能

1.涉嫌违法广告发现功能

广告监测最核心的功能就是发现涉嫌违法广告，为广告监管执法提供技术支持。广告监测的一切程序、技术、规范都要围绕这一核心功能来设计和运行。广告监测要从各种媒介发布的海量信息中把广告分离和筛选出来，将广告与其他非广告信息进行区分，并依据相关法律法规对采集的广告是否涉嫌违法进行甄别，将其中的涉嫌违法广告线索发送有管辖权的市场监管部门依法调查处理。

2. 证据固定功能

证据固定是广告监测与广告执法相衔接的重要环节。特别是在互联网广告监管执法中，因互联网广告精准投放、千人千面的特点，广告监测证据固定功能的意义尤为重要。《互联网广告管理暂行办法》第二十条规定："工商行政管理部门对互联网广告的技术监测记录资料，可以作为对违法的互联网广告实施行政处罚或者采取行政措施的电子数据证据。"

3. 数据分析功能

通过对广告监测数据进行汇集分析，可以实现对各个地区、各类媒介的所有产品和服务类别广告违法情况进行定量分析和定性分析，并以此为基础，对各个地区、各类媒介以及产品或服务类别广告发布情况进行客观评价，为市场监管部门精准掌握分析广告市场秩序状况并研究制定相应政策措施提供重要参考。

4. 协同监管功能

定期对广告监测数据进行汇总分析，形成监测情况报告，并以适当形式向有关行业主管部门进行通报，实现信息共享，有助于市场监管部门和行业主管部门充分发挥各自职能作用，齐抓共管，形成有效监管合力。

（二）广告监测的基本原则

1. 依法原则

坚持依法行政，是广告监测工作的一项基本原则。广告监测依法定职责开展，监测对象依法确定，监测标准依法制定，监测线索依法处理，广告监测工作的全过程都必须始终在法治轨道上规范运行。

2. 公正原则

公平公正是广告监测工作的生命线。作为广告执法的一项基础性手段，监测结果不公平、不公正，势必影响广告执法的权威和公信力，对市场监管部门形象造成损害。广告监测工作必须建立健全严格的管理制度，切实防范随意监测、选择性监测以及少监、漏监等问题的发生，对篡改监测数据等违法乱纪行为，严肃追究责任，确保监测工作公平公正。

3. 及时原则

违法广告一旦发布，其不良影响和危害就已经产生，通过广告监测，及早发现、快速处置，是防止违法广告负面影响持续扩散的有效手段，及时性因而成为广告监测工作的重要原则。必须把及时性原则贯穿到广告监测工作的全过程，及时采集、及时研判、及时派发线索、及时采取相应监管措施，才能使广告监测的作用得到充分发挥，更好地保护消费者合法权益。

（三）广告监测的研判标准

发现涉嫌违法广告是广告监测的核心功能，关键是依据广告监管相关法律法规对监测采集的广告内容是否合法进行研判，甄别涉嫌违法广告。为规范广告监测标准，市场监管总局根据《广告法》等相关法律、行政法规和部门规章制定、修订情况，制定并适时更新《广告违法行为监测编码》，对广告违法行为进行分类，并根据违法行为表现逐一编码，供各级市场监管部门在广告监测工作中参照执行。

（四）广告监测的基本流程

1. 建立广告监测制度

开展广告监测工作，建立健全各项监测制度是前提和基础。要依法对广告监测的程序、标准、内部管理等各个方面作出科学严谨的制度设计，确保监测工作有章可循、有据可依，高效规范运行，有效防范工作风险、廉政风险。

2.明确广告监测范围

依据监管职责和实际工作需要，研究确定广告监测媒介目录，并根据广告发布媒介变化情况适时进行动态调整。

3.组织开展广告监测

依据广告监测媒介目录，组织开展监测，进行数据采集、涉嫌违法广告研判等工作。

4.广告监测结果运用

通过广告监测平台系统，将涉嫌违法广告线索及时派发有管辖权的市场监管部门依法调查处理，处理结果及时反馈。同时，定期形成监测情况报告，进行数据分析，供市场监管部门或行业主管部门决策参考。

第三节 "三品一械"广告审查

一、"三品一械"广告审查概况

药品、医疗器械、保健食品、特殊医学用途配方食品（以下简称"三品一械"）属于特殊商品，事关人民群众健康安全，对其广告进行严格监管，不仅是维护公平竞争市场秩序的客观需要，更是保障食品安全、药品安全的必然要求。依据《广告法》等相关法律法规规定，"三品一械"广告在发布前，应当由广告审查机关对广告内容进行审查，未经审查，不得发布。从行政管理角度看，"三品一械"广告审查属于法律设置的前置性行政许可事项。2018年机构改革后，组织指导"三品一械"广告审查工作职责，由原国家食品药品监管总局划归新组建的市场监管总局，具体审查工作由各省（区、市）市场监管部门、药品监管部门及其依法委托的其他行政机关具体实施。机构改革以来，市场监管总局和各省（区、市）市场监管部门、广告审查机关全面贯彻落实习近平总书记提出的"四个最严"要求，严守安全底线，不断完善"三品一械"广告审查法律制度，严把广告审查关口，为维护人民群众健康安全作出应有的贡献。

二、"三品一械"广告审查职责和法律依据

（一）"三品一械"广告审查的职责依据

《中共中央办公厅 国务院办公厅关于印发〈国家市场监督管理总局职能配置、内设机构和人员编制规定〉的通知》（厅字〔2018〕62号）规定，市场监管总局内设广告监督管理司，组织指导药品、保健食品、医疗器械、特殊医学用途配方食品广告审查工作。从机构职能配置上为组织开展"三品一械"广告审查工作提供了依据。

（二）"三品一械"广告审查的法律依据

"三品一械"广告审查的法律依据涉及多部法律、行政法规，除应当适用《行政许可法》有关规定外，主要法律依据有：

《广告法》第四十六条规定："发布医疗、药品、医疗器械、农药、兽药和保健食品广告，以及法律、行政法规规定应当进行审查的其他广告，应当在发布前由有关部门（以下称广告审查机关）对广告内容进行审查；未经审查，不得发布。"

《药品管理法》第八十九条规定："药品广告应当经广告主所在地

省、自治区、直辖市人民政府确定的广告审查机关批准；未经批准的，不得发布。"

《食品安全法》第七十九条规定："保健食品广告除应当符合本法第七十三条第一款的规定外，还应当声明'本品不能代替药物'；其内容应当经生产企业所在地省、自治区、直辖市人民政府食品安全监督管理部门审查批准，取得保健食品广告批准文件。省、自治区、直辖市人民政府食品安全监督管理部门应当公布并及时更新已经批准的保健食品广告目录以及批准的广告内容。"《食品安全法》第八十条规定："特殊医学用途配方食品应当经国务院食品安全监督管理部门注册。注册时，应当提交产品配方、生产工艺、标签、说明书以及表明产品安全性、营养充足性和特殊医学用途临床效果的材料。特殊医学用途配方食品广告适用《中华人民共和国广告法》和其他法律、行政法规关于药品广告管理的规定。"

《医疗器械监督管理条例》第六十条规定："医疗器械广告的内容应当真实合法，以经负责药品监督管理的部门注册或者备案的医疗器械说明书为准，不得含有虚假、夸大、误导性的内容。发布医疗器械广告，应当在发布前由省、自治区、直辖市人民政府确定的广告审查机关对广告内容进行审查，并取得医疗器械广告批准文号；未经审查，不得发布。省级以上人民政府药品监督管理部门责令暂停生产、进口、经营和使用的医疗器械，在暂停期间不得发布涉及该医疗器械的广告。医疗器械广告的审查办法由国务院市场监督管理部门制定。"

此外，2019年12月，市场监管总局制定出台《药品、医疗器械、保健食品、特殊医学用途配方食品广告审查管理暂行办法》（市场监管总局令第21号），自2020年3月1日起施行。该办法对"三品一械"广告审查的有关程序、内容准则等作出进一步的细化和明确。

三、"三品一械"广告审查工作的开展

（一）申请和受理

申请"三品一械"广告审查，申请人应当依据《药品、医疗器械、保健食品、特殊医学用途配方食品广告审查管理暂行办法》第十四条规定，向广告审查机关提交《广告审查表》、与发布内容一致的广告样件及相关材料。有关文书由各地广告审查机关参照《市场监管总局办公厅关于印发〈药品、医疗器械、保健食品、特殊医学用途配方食品广告审查文书格式范本〉的通知》（市监广〔2020〕19号）自行印制。

广告审查机关收到申请人提交的申请后，应当在五个工作日内作出受理或者不予受理决定。申请材料齐全、符合法定形式的，应当予以受理，出具《广告审查受理通知书》。申请材料不齐全、不符合法定形式的，应当一次性告知申请人需要补正的全部内容。

在申请、受理环节应当注意，《药品、医疗器械、保健食品、特殊医学用途配方食品广告审查管理暂行办法》对广告申请人和受理申请的广告审查机关有明确规定，广告申请人应当是药品、医疗器械、保健食品和特殊医学用途配方食品注册证明文件或者备案凭证持有人及其授权同意的生产、经营企业，药品、特殊医学用途配方食品广告审查申请应当向生产企业或者进口代理人等广告主所在地广告审查机关提出，医疗器械、保健食品广告审查申请应当向生产企业或者进口代理人所在地广告审查机关提出，不符合上述规定的申请应当不予受理。

（二）审查和决定

广告审查机关应当对申请人提交的材料进行审查，自受理之日起

十个工作日内完成审查工作。经审查，对符合法律、行政法规和《药品、医疗器械、保健食品、特殊医学用途配方食品广告审查管理暂行办法》规定的广告，应当作出审查批准的决定，编发广告批准文号。对不符合法律、行政法规和《药品、医疗器械、保健食品、特殊医学用途配方食品广告审查管理暂行办法》规定的广告，应当作出不予批准的决定，送达申请人并说明理由，同时告知其享有依法申请行政复议或者提起行政诉讼的权利。

经审查批准的药品、医疗器械、保健食品和特殊医学用途配方食品广告，广告审查机关应当通过本部门网站以及其他方便公众查询的方式，在十个工作日内向社会公开。公开的信息应当包括广告批准文号、申请人名称、广告发布内容、广告批准文号有效期、广告类别、产品名称、产品注册证明文件或者备案凭证编号等内容。

在审查、决定环节应当注意，不仅要对广告内容是否符合法律法规、部门规章中与药品、医疗器械、保健食品、特殊医学用途配方食品广告有关的专门性规定进行审查，还要对广告内容是否符合《广告法》对广告管理的一般性规定进行审查，坚持广告审查标准和执法标准相统一，从严审查把关，确保广告审查质量。

（三）注销和撤销

经审查批准的"三品一械"广告，有法律法规、部门规章规定应当注销或撤销情形的，广告审查机关应当依法予以注销或撤销。广告审查机关应当加强对"三品一械"广告审查有关行为的监管，对隐瞒真实情况或者提供虚假材料申请广告审查，以欺骗、贿赂等不正当手段取得广告审查批准等违法行为，依法严肃查处。

第四节 广告监管执法

一、广告监管执法工作概况

广告监管执法是市场监管部门的重要职责。广义的广告监管执法，是指运用司法、行政、自律等手段对广告活动和广告行业的调整和控制。狭义的广告监管执法，是指广告监管机关依据法律和国家有关规定，代表国家对广告活动实施干预控制的过程。

广告监管执法具有以下基本特征：广告监管执法的目的是维护国家利益、社会公共利益和消费者合法权益，维护市场公平竞争秩序，促进广告业又好又快发展。广告监管执法的性质是政府的外部力量对广告活动进行干预和监督，不同于行业和企业内部的广告管理工作。广告监管执法的客体是广告活动，贯穿整个广告活动过程的始终，覆盖所有的广告活动。广告监管执法由特定的国家机关来实施，其他团体、个人或者未经法律授权的机关无权实施这种管理行为。广告监管执法通过法律和行政等综合手段来实现。广告监管执法作为行政行为，必须依照法律、法规和国家有关规定进行。

广告监管执法对于维护广告市场秩序，保护消费者、经营者合法权益，促进社会和谐等方面具有重要意义。

第一，广告监管执法是广告市场发展和维护广告市场良好秩序的必然需要。广告活动是以自发状态存在的，一方面受市场供求规律的调节，另一方面也需要接受市场行为规范的严格约束。这两个方面的调节和约束缺一不可。随着市场经济的发展，需要更大程度地发挥市场在资源配置中的决定性作用。但是广告发布媒体、广告主、广告代理公司等广告市场主体追求利益最大化的本能和广告市场自发调节的固有缺陷，往往容易产生虚假宣传、不正当竞争、侵害他人权益等问题。为保证广告市场有序运行，客观上需要广告监管机关不断健全广告市场行为规则，加强广告市场行为的监督，规范各类广告市场主体的经营行为，保障广告市场有序运行。

第二，广告监管执法是公共利益和消费者、经营者合法权益的有效保障。广告监管执法是基于公共利益的活动，维护公共利益是广告监管执法的重要职责和价值取向。广告与人民群众生活密切相关，深刻影响着社会生产和生活。真实合法的广告为人民群众选择商品与服务提供便捷的信息渠道，虚假违法广告不仅损害人民群众切身利益，而且破坏公平竞争的市场环境，侵害其他经营者公平交易的权利。广告监督管理部门承担着保护消费者、经营者合法权益的职责，依据法律、法规、规章的规定，通过法律和行政手段，对全社会的广告活动实施干预和监督，打击虚假违法广告行为，制止广告活动中的不正当竞争行为，维护广告市场主体的合法权益。

第三，广告监管执法是促进社会和谐发展的重要手段。广告既有经济属性又具有意识形态属性，对社会思想、社会文化和社会风气产生不容忽视的影响。广告监督管理部门对广告活动的调整与规范，也是对广告活动参与者以及社会的管理。广告监管执法的过程就是服务经济、服务社会、服务消费者和经营者的过程。广告监督管理部门依法查处虚假违法广告，维护广大人民群众的切身利益，妥善处理广告主体之间、广告主体与消费者之间的矛盾，促进社会和谐，成为新形势下加强社会管理工作的重要力量。

二、广告监管执法职责和法律依据

（一）广告监督管理部门及职责

广告监督管理部门是一个理论概念，同时也是一个法定概念。理论上使用"广告监督管理部门"的概念，是对市场监管部门行使广告市场监督管理职能的描述，或者是代指市场监管部门内设的广告监督管理机构。广告监督管理部门同时也是一个法定概念。《广告法》第六条规定："国务院市场监督管理部门主管全国的广告监督管理工作，国务院有关部门在各自的职责范围内负责广告管理相关工作。县级以上地方市场监督管理部门主管本行政区域的广告监督管理工作，县级以上地方人民政府有关部门在各自的职责范围内负责广告管理相关工作。"《中共中央办公厅　国务院办公厅关于印发〈国家市场监督管理总局职能配置、内设机构和人员编制规定〉的通知》（厅字〔2018〕62号）规定市场监管总局内设广告监督管理司，承担组织查处虚假广告等违法行为的职责。

（二）市场监管部门可以行使的职权

根据《广告法》规定，为了保障广告监督管理工作的顺利开展，市场监管部门可以行使下列职权：

1. 对涉嫌从事违法广告活动的场所实施现场检查，即现场检查权

市场监管部门在进行广告监管时，可以对涉嫌违法从事广告活动的场所实施现场检查，检查应在法定权限范围内进行，程序要合法，现场实施检查的执法人员不少于二人，不得滥用检查权，不得对与涉嫌违法广告活动无关的场所实施现场检查。检查人员不得隐瞒事实，虚构记录。检查人员在执法中不得收取费用，检查结果需要行政处罚

的，应按法定程序执行。

2. 询问涉嫌违法当事人或者其法定代表人、主要负责人和其他有关人员，对有关单位或者个人进行调查，即询问调查权

询问和调查，是为了了解事实真相，收集广告监管需要的证据和材料。市场监管部门在行使询问调查权时，既可以到有关当事人的住所、工作场所、生产经营场所进行询问，也可以责令有关当事人到指定场所接受询问，还可以要求当事人将其了解的情况用书面形式提交给市场监管部门。市场监管部门在行使询问、调查权时，应当文明、规范，如制作规范的询问笔录，不得限制或者变相限制被询问人的人身自由等。

3. 要求涉嫌违法当事人限期提供有关证明文件

在广告监管执法过程中，为查明案情，执法机关有权要求当事人提供涉及的证明文件，如广告审查批件、当事人的营业执照、与广告宣称内容相关的证明文件等。涉嫌违法当事人应当在市场监管部门要求的期限内提供证明文件。

4. 查阅、复制与涉嫌违法广告有关的合同、票据、账簿、广告作品和其他有关资料，即查阅复制权

合同、票据、账簿、广告作品及其他有关资料，反映了市场主体开展生产经营活动的具体状况，是记录经济活动的主要凭据。查阅这些资料，可以了解当事人广告行为是否违法，可以判断广告违法行为的性质、情节以及危害后果，从而为市场监管部门依法作出行政处罚决定等提供依据。查阅、复制有关资料，是市场监管部门提取书证及视听资料的主要渠道之一，执法人员应收集调取与广告行为有关的原始凭证作为书证，对于调取原始凭证有困难的，可以复制。但复制件应标明"经确认与原件无误"字样，并由出具该资料的法人、组织及个人签名或盖章。需要明确的是，合同、票据、账簿、广告作品和其他有关资料，除传统意义

上书面形式保存的外，同样包括以电子介质形式保存的相关资料。

5. 查封、扣押与涉嫌违法广告直接相关的广告物品、经营工具、设备等财物，即查封扣押权

查封与扣押是两种常见的行政执法强制措施。"查封"是指对涉嫌违法广告直接相关的广告物品、经营工具、设备等财物采用张贴封条等措施，就地封存，未经许可不得启封、转移或者动用。"扣押"是指对涉嫌违法广告直接相关的广告物品、经营工具、设备等财物采取移至他处予以扣留封存的措施。市场监管部门采取查封、扣押措施，应当符合行政强制法的相关规定。

6. 责令暂停发布可能造成严重后果的涉嫌违法广告

责令暂停发布既是市场监管部门监督管理广告的职权，也是维护市场秩序和公共利益的重要措施。为防止涉嫌违法广告可能造成的社会危害扩大，必须及时责令暂停发布。责令暂停发布广告本身不属于行政处罚的种类，而是一种行政措施。执法实践中市场监管部门如认为已经发布的广告可能造成严重后果的，可以直接以书面文书的形式向当事人发出责令暂停发布通知书。

7. 法律、行政法规规定的其他职权

广告行政管理涵盖多个方面，除了上述几项职权外，市场监管部门还享有法律、行政法规规定的其他职权。

（三）广告监督管理的法律依据

改革开放以来，我国广告法制建设以 1982 年《广告管理暂行条例》、1987 年《广告管理条例》、1994 年《广告法》、2015 年《广告法》修订并实施为标志，近 40 年的时间稳步前行，经历了一个从简单、粗放到逐步法制化、规范化的过程，目前已形成了比较完整的广告法律体系。该体系是以《广告法》为核心的现行广告法律、法规、规章、

规范性文件组合形成的有机统一整体。

1.《广告法》

现行《广告法》于 1994 年 10 月 27 日第八届全国人民代表大会常务委员会第十次会议通过，2015 年 4 月 24 日第十二届全国人民代表大会常务委员会第十四次会议修订，2018 年 10 月 26 日第十三届全国人民代表大会常务委员会第六次会议《关于修改〈中华人民共和国野生动物保护法〉等十五部法律的决定》修正，2021 年 4 月 29 日《全国人民代表大会常务委员会关于修改〈中华人民共和国道路安全法〉等八部法律的决定》修正。

现行《广告法》包含总则、广告内容准则、广告行为规范、监督管理、法律责任、附则等六章，共七十四条。

第一章：总则。包含立法目的，调整范围及定义，内容和形式要求，真实性原则，基本行为规范，监督管理体制，行业组织等内容。

第二章：广告内容准则。包含广告表述，一般禁止情形，保护未成年人和残疾人，涉及行政许可和引证内容的广告，涉及专利的广告，广告不得含有贬低内容，广告可识别性以及发布要求，处方药、特殊药品、易制毒化学品、戒毒等广告，医疗、药品、医疗器械广告，非医疗广告禁止使用医药用语，保健食品广告，禁止变相发布广告，母乳代用品广告，农药、兽药、饲料和饲料添加剂广告，烟草广告，酒类广告，教育、培训广告，有投资回报预期的商品或者服务广告，房地产广告，种子、种养殖广告，虚假广告等内容。

第三章：广告行为规范。包含从事广告发布业务的条件，广告合同，禁止不正当竞争，受委托方的合法经营资格，广告涉及他人人身权利时的义务，广告业务管理制度和广告审查义务，广告收费标准和办法，媒介传播效果资料真实，广告代言人的义务，广告不得侵扰中小学生、幼儿，针对未成年人的广告，户外广告的监管，禁止设置户外广告的情形，互联网广告等内容。

第四章：监督管理。包含特殊商品和服务广告发布前审查，广告发布前审查程序，广告审查批准文件不得伪造、变造或者转让，市场监管部门职权和职责，授权制定利用大众传播媒介发布广告的行为规范，配合监管义务，保密义务，投诉和举报，社会监督等内容。

第五章：法律责任。包含虚假广告行政、刑事责任，虚假广告民事责任，发布违反基本准则或者本法禁止发布的广告的责任，发布违反特殊准则、违法使用广告代言人或者未经依法审查的广告的责任，发布违反一般准则或者贬低他人商品或服务的广告的责任，广告经营者、广告发布者未依法进行广告业务管理的责任，广告代言人的责任，未经同意或者请求向他人发送广告、违法利用互联网发布广告的责任，公共场所的管理者和电信业务经营者、互联网信息服务提供者未依法制止违法广告活动的责任，隐瞒真实情况或者提供虚假材料申请广告审查的责任，伪造、变造或者转让广告审查批准文件的责任，信用档案制度，广播电台、电视台、报刊音像出版单位及其主管部门的责任，民事责任，对公司、企业广告违法行为负有个人责任的法定代表人的责任，拒绝、阻挠市场监管部门监督检查等违反治安管理行为的责任，广告审查机关的责任，广告管理部门及其工作人员的责任等内容。

第六章：附则。包含公益广告、实施日期等内容。

2. 现行法规规章

现行有效的广告监督管理法规规章主要有以下 8 部：《广告管理条例》（1987 年 10 月 16 日发布）、《医疗广告管理办法》（1993 年 9 月 27 日发布，2005 年 9 月 28 日第一次修订，2006 年 11 月 10 日第二次修订）、《农药广告审查发布规定》（2015 年 12 月 24 日发布，2020 年 10 月 23 日修订）、《兽药广告审查发布规定》（2015 年 12 月 24 日发布，2020 年 10 月 23 日修订）、《房地产广告发布规定》（2015 年 12 月 24 日发布）、《公益广告促进和管理暂行办法》（2016 年 1 月 15 日发布）、《互联网广告管理暂行办法》（2016 年 7 月 4 日发布）、《药品、医疗器械、保健食品、特殊医学用途配方食品广告审查管理暂行办法》（2019 年 12 月 27 日公布）。

三、广告监管执法工作的开展

（一）违法广告的查处

查处违法广告是一种行政处罚行为，必须依法进行立案、调查取证、法制监督机构核审、决定等环节。没有法定依据或者不遵守法定程序，行政处罚无效。违法广告的查处程序应当按照《市场监督管理行政处罚程序暂行规定》（市场监管总局令第 2 号）执行。

1.违法广告案件的管辖

（1）关于广告案件的级别管辖。依据《市场监督管理行政处罚程序暂行规定》第六条和第七条的规定，行政处罚由违法行为发生地的县级以上市场监管部门管辖。法律、行政法规另有规定的除外。县级、设区的市级市场监管部门依职权管辖本辖区内发生的行政处罚案件，法律、法规、规章规定由省级以上市场监管部门管辖的除外。

（2）关于广告案件的地域管辖。《市场监督管理行政处罚程序暂行规定》第六条规定，广告行政处罚的基本原则是由违法行为发生地的市场监管部门管辖。但由于违法行为发生地既包括违法行为实施地，也包括违法结果发生地，在查办广告违法案件过程中，如简单适用违法行为发生地管辖原则，会出现广告违法案件管辖权的不确定性，导致多地区市场监管部门管辖权重叠交叉。因此，针对广告案件的特殊性，《市场监督管理行政处罚程序暂行规定》第十条规定，"对利用广播、电影、电视、报纸、期刊、互联网等大众传播媒介发布违法广告的行为实施行政处罚，由广告发布者所在地市场监督管理部门管辖。广告发布者所在地市场监督管理部门管辖异地广告主、广告经营者有困难的，可以将广告主、广告经营者的违法情况移送广告主、广告经营者所在地市场监督管理部门处理"。广播、电影、电视、报纸、期刊、互联网广告的发布者所在地是实施违法广告发布行为的地点，属于违法行为发生地之一。以上广告违法案件由广告发布者所在地市场监管部门管辖，易于识别有管辖权的市场监管部门，也有效解决了管辖权的交叉问题。上述广告发布者所在地市场监管部门管辖异地广告主、广告经营者有困难的，可以将广告主、广告经营者的违法情况移交广告主、广告经营者所在地市场监管部门处理。

在广播、电影、电视、报纸、期刊、互联网等大众传播媒介以外的其他广告媒介发布的违法广告，如利用户外广告、印刷品广告等形式从事违法广告活动，仍应按照《市场监督管理行政处罚程序暂行规定》第六条规定的违法行为发生地原则，确定有地域管辖权的办案机关进行管辖。

（3）关于互联网广告案件的地域管辖。鉴于网络的特殊性，为方便与案件有实质性联系的市场监管部门查处案件，《市场监督管理行政处罚程序暂行规定》《互联网广告管理暂行办法》均对管辖作出了更具有灵活性的制度安排：对于互联网广告违法行为，广告主所在地、广告经营者所在地市场监管部门先行发现违法线索或者收到投诉、举报的，也可以进行管辖。对广告主自行发布违法互联网广告的行为实施行政处罚，由广告主所在地市场监管部门管辖。对当事人的同一违法行为，两个以上市场监管部门都有管辖权的，由先立案的市场监管部门管辖。

2.违法广告案件的广告费认定

市场监管部门依据《广告法》查处违法广告案件时，依法认定广告费用是确定广告主、广告经营者和广告发布者法律责任的基础。广告费用是《广告法》中的基本概念，一般认为，广告费用是广告主、广告经营者、广告发布者开展广告活动所耗费的费用，包括广告设计、制作、代理、发布等方面的费用。按照《广告法》的规定，广告经营者、广告发布者应当公布其收费标准和收费办法；广告主、广告经营者、广告发布者之间在广告活动中应当依法订立书面合同等。这一系列广告活动规范，为在行政执法中计算认定广告费用提供了条件。

（1）要区分不同主体来确认广告费用。对广告主而言，广告费按其承担的广告设计、制作、代理、发布、聘请代言人等费用的总额合并计算。对广告经营者，广告费以广告代理费和广告设计、制作费的全部金额来确认，为该广告附带提供其他服务的，则应将其服务费与广告代理、设计、制作费合并计算。对广告发布者，广告费以广告发布费全部金额来确认。

（2）在计算广告经营者的广告费用金额时，不应再扣除其支付给媒体的广告发布费等费用。《国家工商行政管理总局关于在查处广告违法案件中如何认定广告经营者广告费金额的答复意见》（工商广字〔2015〕221号）明确了对于广告经营者来讲，广告费用是其从事广告经营活动而应收取的全部金额。在查处广告违法行为时，对负有责任的广告经营者，应以涉案广告代理费和广告设计、制作费的全部金额确认。在计算广告经营者的广告费用金额时，不应再扣除其支付给媒体的广告发布费等费用。

（3）关于适用"广告费用无法计算或者明显偏低"的情形。首先，广告费用"无法计算"的情形，主要是指部分违法主体主观故意隐瞒、销毁、拒不提供有效的广告合同、发票等证据，市场监管部门在执法过程中无法查清广告费用的情形。其次，广告费用"明显偏低"的情形。根据《广告法》规定，广告发布者应当公布媒体广告刊例价。如果当事人虚报、瞒报广告费用，提供伪造、变造的合同、发票等材料，使广告费用明显低于该媒体一贯的广告刊例价和正常折扣比例，可以认定为广告费用"明显偏低"。同时，要注意媒体在实际经营中由于经营水平、媒介影响力存在差异，有时会在刊例价的基础上以一定折扣比例给予广告主优惠，对于媒体正常的让利折扣，不应认定为广告费用"明显偏低"。在案件调查中，如果当事人主张其广告费用为真实费用，符合正常折扣比例的，可以要求其举证证明。

（二）虚假广告的认定和刑事责任追究

《广告法》第二十八条规定："广告以虚假或者引人误解的内容欺骗、误导消费者的，构成虚假广告。"虚假广告是违法广告的一种情形，社会危害性大，是广告监督管理中防范和查处的重点。广告监督管理机关应当加强对虚假广告表现形式的研究，及时准确认定虚假广告，最大限度减小以致消除虚假广告的社会危害。

1. 认定虚假广告的构成要件

第一，在案件事实认定中，要从内容上认定该广告具有虚假或者引人误解的内容。其中，内容虚假指的是广告中的陈述与真实情况不符；内容引人误解指的是广告中的陈述存在误导消费者之处。换言之，广告主利用消费者不知情，使用模棱两可或引人误解的陈述，有意诱导消费者对广告主所提供的商品或服务产生不切实际的期望。

第二，要依据一般理性人的标准，认定该广告具有欺骗的可能性。欺骗性是虚假广告的核心特征，如果一个广告虽然内容不真实，但不具有欺骗性，此时该广告不构成虚假广告。如某化妆品广告宣传该产品使用后"今年二十，明年十八"，一般消费者均不会受到该广告的误导。

认定虚假广告时，以上两个要件构成一个有机的整体认定标准，缺一不可。第一个要件属内容上的构成要件，第二个要件属于结果上的构成要件。

2. 刑事责任追究

《刑法》第二百二十二条规定："广告主、广告经营者、广告发布者违反国家规定，利用广告对商品或者服务作虚假宣传，情节严重的，处二年以下有期徒刑或者拘役，并处或者单处罚金。"根据《最高人民检察院公安部关于公安机关管辖的刑事案件立案追诉标准的规定（二）》第七十五条规定，广告主、广告经营者、广告发布者违反国家规定，利用广告对商品或者服务作虚假宣传，涉嫌下列情形之一的，应予立案追诉：

（1）违法所得数额在 10 万元以上的。

（2）给单个消费者造成直接经济损失数额在 5 万元以上的，或者给多个消费者造成直接经济损失数额累计在 20 万元以上的。

（3）假借预防、控制突发事件的名义，利用广告作虚假宣传，致使多人上当受骗，违法所得数额在 3 万元以上的。

（4）虽未达到上述数额标准，但两年内因利用广告作虚假宣传，受过行政处罚二次以上，又利用广告作虚假宣传的。

（5）造成人身伤残的。

（6）其他情节严重的情形。

（三）整治虚假违法广告联席会议制度

广告活动主体多，涉及面广，广告监管工作是系统工程，任何一个部门都不可能独自承担，需要相关部门齐抓共管、综合治理。建立整治虚假违法广告联席会议制度是我国整治虚假违法广告的重要举措，充分发挥联席会议各成员单位的职能作用，对于从根本上规范广告市场秩序具有重要意义。

1. 背景情况

2005年3月30日，国务院办公厅印发《关于开展打击商业欺诈专项行动的通知》（国办发〔2005〕21号），明确原工商总局整治虚假违法广告的牵头协调责任。原工商总局联合中央宣传部、公安部、监察部等11部门，于2005年4月21日建立了整治虚假违法广告部际联席会议工作机制，明确了联席会议组成、职能和工作方式，部际联席会议的联络办公室设在原工商总局广告监管司。

2018年机构改革后，部际联席会议共有11家成员单位：市场监管总局作为牵头单位，其他成员为中央宣传部、中央网信办、工业和信息化部、公安部、卫生健康委、中国人民银行、广电总局、银保监会、中医药局、药监局。部际联席会议联络办公室的相关职责仍由广告监管司承担。

2. 工作开展情况

整治虚假违法广告联席会议的设立为合力监管广告市场、维护广告市场秩序发挥了积极作用，各成员单位对联席会议工作机制高度重视、充分认可、积极参加，加强部门间的信息共享和执法协作，共同研判广告市场监管形势，出台年度整治虚假违法广告工作要点、《大众传播媒介广告审查发布规定》等文件。特别是近年来，部际联席会议成员单位联合印发文件，共同组织部署整治工作，先后出台《关于严肃查处虚假违法广告维护良好广告市场秩序工作方案》《整治虚假违法广告部际联席会议2018年工作要点》《整治虚假违法广告部际联席会议2019年重点工作及任务分工》等文件。2020年3月，为进一步健全完善整治虚假违法广告部际联席会议制度，市场监管总局、中央宣传部、中央网信办等11部门修订了《整治虚假违法广告部际联席会议工作制度》，进一步强化部门间沟通协调，发挥监管合力。

第五节　指导广告业发展

一、广告业发展工作概况

指导广告业发展体现了监管与发展的统一，是市场监管部门的基本职能之一。1993 年，原国家工商行政管理局、原国家计划委员会印发《关于加快广告业发展的规划纲要》（工商广字〔1993〕第208 号），以产业政策纲要形式明确了广告业在社会经济发展中的地位。1998 年 6 月至 2002 年 8 月，原国家工商行政管理局承担的指导广告业发展的职能曾一度交给原国家经济贸易委员会。2002 年，原国家经济贸易委员会撤销后，经中央机构编制委员会研究并报经国务院领导同意，将指导广告业发展的职能再次交由原工商总局承担。2008 年，国务院批准的《国家工商行政管理总局主要职责内设机构和人员编制规定》中，进一步明确了"指导广告业发展"的职能。2018 年机构改革明确市场监管总局承担"指导广告业发展，监督管理广告活动"的职责。

指导广告业发展，主要围绕以下工作任务展开：研究分析广告业发展情况，按照国家中长期发展战略和目标，拟订广告业发展规划并组织实施。研究广告业发展和改革中存在的突出问题，拟订广告业政策并组织实施。组织开展广告业统计，加强统计数据分析应用，编制广告业发展指数。研究拟订促进公益广告发展的有关政策措施，组织和指导公益广告活动。指导广告行业组织工作。

二、广告业发展规划和政策

（一）广告产业发展规划

广告产业发展五年规划是由市场监管总局编制的国家级专项规划，是国家规划体系的重要组成部分，对合理配置广告领域公共资源、引导社会资本投向、推动广告产业高质量发展具有重要意义。

2012 年，原工商总局首次发布广告产业发展五年规划，即《广告产业发展"十二五"规划》。2016 年 7 月，原工商总局发布了《广告产业发展"十三五"规划》。规划强调以创新驱动和融合发展为重点，继续提高集约化、专业化、国际化发展水平，提高服务国家社会经济发展的能力，落实关于广告讲导向的总要求，发挥广告传递正能量作用。规划提出坚持市场运作和产业政策相结合、创新引领和融合发展相结合、全面发展和重点突破相结合、监管监督和行业自律相结合的基本原则，确立了扩大产业规模、增强创新能力、提升社会效益、深化行业改革、优化发展环境的目标，提出了提升广告企业服务能力、进一步优化产业结构、促进广告产业创新、推进广告产业融合发展、提升广告产业国际化水平、完善公益广告发展体系、建设广告业公共服务体系、发展广告研究和教育培训、促进广告市场秩序继续好转、推进行业组织改革发展等重点任务，规定了市场准入、财税支持、投融资和其他相关政策措施，并对规划实施提出了明确要求。

目前，《"十四五"广告产业发展规划》正在编制。

（二）广告业发展指数

广告业发展指数编制是创新产业指导工作方式、更好地处理政府与市场的关系、推动广告业高质量发展的重要手段。编制广告业发展指数，旨在客观评价中国广告业发展水平，全面了解中国广告业发展整体状况，客观呈现广告业对于服务经济社会发展的积极作用，为各级党委政府决策提供科学参考，引导各地市场监管等部门加强和改进相关工作，推动广告业高质量发展。2019 年以来，市场监管总局搭建了分省广告业发展指数指标体系，推进研发全国广告业发展指数。指数的指标体系将根据实践逐步完善。

为多维度反映产业发展状况，该指标体系主要从产业实力（包括产业规模、产业结构、市场主体活跃度、产业链发展程度等二级指标）、产业环境（包括产业经济环境、产业技术环境、产业政策环境等二级指标）、经济效益（包括直接经济贡献、市场主体经营效益、消费拉动贡献等二级指标）和社会效益（包括广告市场秩序、社会就业贡献、公益广告现状等二级指标）4 个方面设定一级指标。产业实力指数和产业环境指数，主要从内因和外因两个方面考察广告业发展的驱动因素。产业经济效益和社会效益是广告业的价值体现，用以衡量广告业在社会中的地位和作用。指数基础数据来源于全国广告业统计数据、国家统计局、教育部等部门发布的官方数据、各省（区、市）市场监管部门提供的数据以及第三方权威机构数据。

各地广告业发展指数的表现形式为，将各省（区、市）广告业发展水平分为不同的层级，同时增加地图直观反映一级指标分值地域分布特征，以体现各地广告业发展特点和存在的不足，为进一步推动广告业发展提供权威参考。

（三）广告业发展指导意见

2008 年，原工商总局、国家发展改革委联合发布《关于促进广告业发展的指导意见》（工商广字〔2008〕85 号），提出充分认识促进广告业发展的重要意义，明确了促进广告业发展的指导思想、主要目标和任务，规定了健全广告法律制度、加大政策扶持力度、完善广告业发展机制、增强广告企业竞争力、提升广告从业人员素质、促进公益广告发展、提高广告监管体系效能等政策措施，有效调动了各级政府和有关部门促进广告业发展的积极性、主动性，有力推动了广告业又好又快发展。随着新技术新业态新模式不断涌现，我国广告业迎来了大发展、大变革、大机遇。目前，市场监管总局与国家发展改革委正在开展调研，推动促进广告业高质量发展政策出台。

三、广告业统计工作

（一）广告业统计的职责依据

根据《国务院办公厅转发国家统计局关于加强和完善服务业统计工作意见的通知》（国办发〔2011〕42号）要求，市场监管总局（原工商总局）负责广告业统计工作。经国家统计局审批，原工商总局2012年首次发布《广告业统计报表制度》。为全面落实减轻基层负担的工作要求，推动广告业统计工作落地，市场监管总局广泛听取意见建议，于2019年底完成了制度修订基础工作，形成《广告业统计调查制度（送审稿）》。2020年，国家统计局批准执行《广告业统计调查制度》（以下简称《调查制度》，有效期至2023年），市场监管总局根据《调查制度》组织开展了首次全国广告业统计工作，基本掌握了广告业发展底数，对夯实指导广告业发展工作基础具有重要意义。

（二）广告业统计工作主要任务

广告业统计调查对象为全国范围内从事广告业务的企业和广播电台、电视台、报社、杂志社等事业单位。调查内容为相关企业和事业单位的基本情况和广告业务经营情况，例如从业人员情况、营业收入和利润情况、广告业务收入和利润情况、广告业务收入结构、营业成本或经营支出、税金及附加等。调查方法为对事业单位和规模以上企业全面调查，对规模以下企业抽样调查，对事业单位和规模以上企业中广告业务年营业收入排序在前 5% 的市场主体开展重点调查。全面调查和抽样调查的报告期为上一自然年，重点调查的报告期为每年的前三个季度。

广告业统计调查工作具体操作方式为，广告业市场主体通过市场监管总局建立的广告业统计系统自主填报信息，各地市场监管部门负责数据审核、汇总、上报。统计填报开始前，各地市场监管部门认真做好工作培训，熟悉《调查制度》主要内容和相关工作要求，熟练掌握广告业统计系统操作。根据广告业统计系统中的调查对象名录做好通知宣传，督促调查对象如实填报信息。填报过程中，严格按照《调查制度》规定做好数据审核、上报，提高数据准确度。同时，各地市场监管部门严格按照《中华人民共和国统计法》（以下简称《统计法》）要求，对在统计工作中知悉的国家秘密、商业秘密和个人信息，应当予以保密；对统计调查中获得的能够识别或者推断单个统计调查对象身份的资料，不得对外提供、泄露，不得用于统计以外的目的；依法履行职责，如实搜集、报送统计资料，不得伪造、篡改统计资料，不得以任何方式要求任何单位和个人提供不真实的统计资料，不得有其他违反《统计法》规定的行为。

四、公益广告的促进和管理

（一）公益广告相关政策文件

公益广告是传播先进文化、引领文明风尚的重要载体。也是规范道德行为、建设生态文明、弘扬正风正气的重要载体，在传播社会主义核心价值体系中发挥着越来越重要的作用。1996年，原国家工商行政管理局发布了《关于开展"中华好风尚"主题公益广告月活动的通知》，正式参与公益广告活动的组织和管理。此后，相关部门规章、规范性文件和地方政府规章规定了规范和管理公益广告的政策。《广告法》第七十三条明确规定："国家鼓励、支持开展公益广告宣传活动，传播社会主义核心价值观，倡导文明风尚。大众传播媒介有义务发布公益广告。广播电台、电视台、报刊出版单位应当按照规定的版面、时段、时长发布公益广告。公益广告的管理办法，由国务院市场监督管理部门会同有关部门制定。"公益广告第一次有了明确的法律定位，意义重大。为落实《广告法》规定的职责，适应公益广告发展变化，2016年1月，原工商总局、国家网信办、工业和信息化部、住房城乡建设部、交通运输部、原国家新闻出版广电总局发布《公益广告促进和管理暂行办法》(以下简称《暂行办法》)，2016年3月1日起施行。

（二）市场监管部门公益广告工作职责

公益广告活动在中央和各级精神文明建设指导委员会指导协调下开展。市场监管部门履行广告监管和指导广告业发展职责，负责公益广告工作的规划和有关管理工作。新闻出版广电部门负责新闻出版和广播电视媒体公益广告制作、刊播活动的指导和管理。通信主管部门负责电信业务经营者公益广告制作、刊播活动的指导和管理。网信部门负责互联网企业公益广告制作、刊播活动的指导和管理。铁路、公路、水路、民航等交通运输管理部门负责公共交通运载工具及相关场站公益广告刊播活动的指导和管理。住房城乡建设部门负责城市户外广告设施设置、建筑工地围挡、风景名胜区公益广告刊播活动的指导和管理。精神文明建设指导委员会其他成员单位应当积极做好公益广告有关工作，涉及本部门职责的，应当予以支持，并做好相关管理工作。

近年来，市场监管部门进一步加大公益广告工作力度，取得了一定的成效。一是组织开展公益广告发布情况抽查。市场监管总局多次组织开展电视、广播、报纸、互联网站等媒体公益广告发布情况抽查，研究和分析各主要媒体公益广告发布特点和存在的不足并提出工作意见。抽查工作结束后，市场监管总局将抽查情况通报公益广告工作有关职能部门和各省（区、市）及新疆生产建设兵团市场监管部门，为各部门进一步做好公益广告促进和管理工作提供参考。二是开展优秀公益广告作品展示。市场监管总局通过官方网站展示优秀公益广告作品，推动和引导市场主体参与公益广告制作和传播，扩大公益广告的影响力。三是加大专项公益广告工作力度。根据宣传重点和社会热点，指导行业协会发挥行业组织作用，引导广告企业制作和发布公益广告，指导互联网平台等媒介积极履行《暂行办法》规定的公益广告发布主体责任。此外，各地市场监管部门主动履行职责，通过组织公益广告赛事和活动有效推动当地公益广告发展。积极指导当地广告产业园区、广告企业发挥公益广告宣传优势，为服务当地经济社会发展发挥积极作用。

五、国家广告产业园区认定和管理

（一）广告产业园区工作政策依据

2008 年 4 月，原工商总局和国家发展改革委联合印发《关于促进广告业发展的指导意见》提出，要"借助现有的创意产业园区平台，充分发挥创意在广告业中的核心作用"。2012 年 3 月，原工商总局出台《国家广告产业园区认定和管理暂行办法》。2012 年 4 月，原工商总局制定出台《关于推进广告战略实施的意见》，并于 6 月发布《广告产业发展"十二五"规划》，明确提出要"加大广告产业园区建设力度，认定一批国家级广告产业园区"，"积极稳妥推进广告产业园区建设"。2016 年 7 月，原工商总局发布《广告产业发展"十三五"规划》，广告产业园区工作列为规划的重要工作目标。2017 年，中办、国办出台的《国家"十三五"时期文化发展改革规划纲要》明确规定，要"加强国家广告产业园区建设"，将国家广告产业园区建设列入重大文化产业工程。2018 年 1 月，原工商总局对《国家广告产业园区认定和管理暂行办法》进行了修订，印发《国家广告产业园区管理办法》（以下简称《管理办法》），进一步规范了国家广告产业园区管理。

（二）国家广告产业园区认定和管理

1. 认定国家广告产业园区工作程序

申请成为国家广告产业园区，由园区管理机构向所在地省（区、市）或计划单列市市场监管部门提出申请。各省（区、市）或计划单列市市场监管部门收到园区申请后，按照《管理办法》第八条规定的条件进行初步审查，提出审查意见。对符合条件的，经报请省（区、市）或计划单列市人民政府批准后，以文件形式向市场监管总局申报。市场监管总局负责委托第三方评估机构对申请材料进行评审，组织对园区进行实地考察、论证与评估，形成评估报告，提出拟认定或者暂不予认定的意见。对评估提出拟认定的园区，提请市场监管总局局务会议审议通过后，认定为"国家广告产业园区"。

2. 国家广告产业园区动态管理

（1）园区规划调整申请制度。国家广告产业园区对规划作重大调整时，应当经园区所在地省（区、市）或计划单列市人民政府同意，由园区所在地省（区、市）或计划单列市市场监管部门向市场监管总局提出申请，市场监管总局结合第三方机构评估意见决定是否批准。

（2）年度报告制度。国家广告产业园区所在地省（区、市）或计划单列市市场监管部门应当在每年1月前将园区上年度的产业发展、成果转化和运营管理等情况报送市场监管总局。

（3）园区考核制度。市场监管总局依照《管理办法》第十五条的规定对国家广告产业园区进行考核，并委托第三方机构开展评估。考核不合格的园区将进行行政约谈、限期整改。限期整改期限不超过6个月，整改期限届满后，市场监管总局委托第三方机构再次评估，考核仍不合格的，撤销认定。

（4）园区退出机制。国家广告产业园区有《管理办法》第十六条规定的违法违规等情形的，市场监管总局将撤销其国家广告产业园区认定。

第六节 改革与展望

广告监管工作必须坚持以习近平新时代中国特色社会主义思想为指导，全面贯彻党的十九大和十九届二中、三中、四中、五中全会精神，深入领会习近平总书记重要讲话和指示批示精神，坚决做到"两个维护"，主动对标建设高标准市场体系有关要求，不断改革创新，提高综合监管效能，全面提升广告监管现代化水平。

一、推进广告监管体系和监管能力现代化

广告监管体系是国家治理体系和市场监管体系的有机组成部分，高标准的市场体系必然要求高标准的广告监管体系。各级市场监管部门必须站在战略和全局高度，围绕推进广告监管体系和监管能力现代化，坚持问题导向和目标导向相统一，中长期目标和短期目标相贯通，不断改革创新，突出广告导向监管、智慧监管、信用监管、协同监管，着力固根基、扬优势、补短板、强弱项，加强系统治理、依法治理、综合治理、源头治理，全力构建现代化的广告监管体系，为维护广告市场秩序、保护消费者合法权益提供坚强有力的保障。

二、深化广告监管领域"放管服"改革

深化"放管服"改革、优化营商环境，是激发市场主体活力和发展内生动力的关键之举。各级市场监管部门必须围绕优化营商环境、增强发展活力的总体要求，自觉对标国际先进水平，进一步查找广告监管工作中的短板和薄弱环节，持续简政放权，研究推动广告发布登记、广告审查制度等各项改革，不断加强事中事后监管，持续提升广告政务服务水平，更好地激发广告市场主体活力，为加快打造市场化、法治化、国际化营商环境作出新的更大贡献。

三、服务广告业高质量发展

广告业作为我国现代服务业和文化产业的重要组成部分，将围绕加快构建以国内大循环为主体、国内国际双循环相互促进的新发展格

局，在构建完整内需体系、发展消费主导型经济、加强社会主义精神文明建设和社会治理中发挥重要作用。市场监管总局将根据《中华人民共和国国民经济和社会发展第十四个五年规划和 2035 年远景目标纲要》以及国家促进服务业和文化产业发展有关要求，编制并组织实施好《"十四五"广告产业发展规划》，更好地服务广告业实现高质量发展。